教育扶贫研究

——赵建武 李芳 苏航 著——

江苏大学出版社
JIANGSU UNIVERSITY PRESS

镇 江

图书在版编目(CIP)数据

教育扶贫研究 / 赵建武，李芳，苏航著. — 镇江：
江苏大学出版社，2020.12
ISBN 978-7-5684-1503-3

Ⅰ. ①教… Ⅱ. ①赵… ②李… ③苏… Ⅲ. ①教育－
扶贫－研究－中国 Ⅳ. ①G52

中国版本图书馆 CIP 数据核字(2020)第 241087 号

教育扶贫研究

Jiaoyu Fupin Yanjiu

著　　者/赵建武　李　芳　苏　航
责任编辑/任建波
出版发行/江苏大学出版社
地　　址/江苏省镇江市梦溪园巷 30 号(邮编：212003)
电　　话/0511-84446464(传真)
网　　址/http://press.ujs.edu.cn
排　　版/镇江市江东印刷有限责任公司
印　　刷/句容市排印厂
开　　本/710 mm×1 000 mm　1/16
印　　张/9
字　　数/140 千字
版　　次/2020 年 12 月第 1 版
印　　次/2020 年 12 月第 1 次印刷
书　　号/ISBN 978-7-5684-1503-3
定　　价/52.00 元

如有印装质量问题请与本社营销部联系(电话：0511-84440882)

2020 年是决胜全面小康、决战脱贫攻坚收官之年。教育扶贫是脱贫攻坚的重要组成部分，也是阻断贫困代际传递的重要途径。实施教育扶贫，应坚持精准方略、突出重点，聚焦深度贫困地区集中攻坚。"三区三州"是国家层面的深度贫困地区，是脱贫攻坚中的"硬骨头"，是决定脱贫攻坚战能否打赢的关键。在"两个一百年"奋斗目标的历史交汇点，"三区三州"教育扶贫问题，值得好好总结与深入研究。"三区三州"如何按期完成教育脱贫攻坚的任务，进一步发挥好教育在巩固脱贫成果和防返贫机制建设中的重要作用，有效衔接乡村振兴战略，成为目前亟待研究解决的重大课题。

教育部民族教育发展中心（简称民教中心）作为教育部直属事业单位，宗旨是开展民族教育政策研究、促进民族教育事业发展。"三区三州"深度贫困地区都在民族地区。因此，坚持围绕中心、服务大局，积极发挥职能作用，做好"三区三州"教育扶贫工作，既是民教中心的一项重大政治任务，也是重点业务工作。近年来，特别是 2018 年以来，民教中心聚焦"三区三州"教育精准扶贫脱贫，大力加强政策研究和实践探索，主动探求破解深度贫困之策。在此期间，"三区三州"教育扶贫成效评估机制、教育扶贫成效评估指标体系、教育扶贫推进教育发展满意度调查评估、教育质量监测、135 个深度贫困县教育脱贫攻坚"一县一策"工作指导方案研制、四川阿坝州理县民族地区教育发展先行实验区建设、教育信息化赋能民族教育发展扶贫计划等系列研究项目接连开展，相关调研报告、问卷分析报告、需求测算报告、政策咨询报告、工作指导方案、基础数据库、口袋书等研究成果相继形成，为服务教育部决策提供了基础性支持，得到了部领导的批示肯定，有的成果被部机关司局反馈给"三区三州"各级教育部门，供地方在教育脱贫攻坚工作中参考并改进，为促进相关司局和地方联合攻坚、如期实现教育脱贫目标发挥了积极作用。

回顾和梳理近年来的教育扶贫研究成果，对于新时期教育扶贫理论的深化和实践探索具有指导意义。基于此，教育部民族教育发展中心副主任赵建武主持编著了这本书。建武同志长期关注并积极参与教育扶贫工作，参与了教育部委托民教中心开展的教育扶贫重点项目，深入"三区三州"深度贫困地区开展实地调研，主持了全国教育科学"十三五"规划 2020 年度国家课题"'三区三州'深度贫困地区教育脱贫防返贫机制研究"的研究工作，取得了阶段性成果。

本书在政策、理论和实践层面，对我国教育扶贫政策、学术界关于教育扶贫的研究成果、地方在教育脱贫攻坚中的经验和做法及取得的成效进行了梳理总结。同时，对教育精准扶贫的系统模型和核心框架进行了研究，对"三区三州"深度贫困县教育扶贫中存在的问题进行了描述分析，在此基础上，有针对性地提出了实现教育脱贫攻坚目标、提高教育发展水平的对策建议，对于当前教育扶贫研究和实践有一定的学术价值与指导意义，为研究建立脱贫摘帽后巩固教育扶贫成效、防止返贫机制做出了有意义的探索和尝试。

希望本书的出版能为今后研究教育扶贫政策及教育扶贫理论与实践提供一定的启发和借鉴。

郭 岩

（教育部民族教育发展中心主任、研究员）

2020 年 9 月

目 录

第一章 绪 论

第二章 "三区三州"深度贫困县教育扶贫的政策思路与教育扶贫系统模型

第三章 "三区三州"深度贫困县教育扶贫的成效与经验

一、研究缘起与问题提出

贫困是一个历史性、世界性、普遍性的重大问题，消除贫困是人类自古以来梦寐以求并为之顽强奋斗的美好理想。贫困在中国也是一个长期存在的严重问题。中国共产党成立之时，中国正处在三座大山的压迫下，国家正处于积贫积弱状态，人民正处于水深火热之中。为了民族独立、人民解放和国家富强、人民幸福，中国共产党领导全国人民不断推进革命、建设、改革的伟大事业，中华民族迎来了从站起来、富起来到强起来的伟大飞跃。党的十八大以来，党中央把贫困人口脱贫作为全面建成小康社会的底线任务和标志性指标，在长期扶贫脱贫的基础上组织实施、全力推进脱贫攻坚战，要在 2020 年让占全人类人口总数 1/5 的中国彻底消除绝对贫困，让中国人民在共同富裕的道路上迈出坚实一步，过上全面小康的幸福生活，让世界人民看到脱贫致富的光明前景，为消除贫困持续奋斗，携手推动构建人类命运共同体，给各国人民带来更多福祉。为此，习近平总书记指出："夺取脱贫攻坚战全面胜利，坚决完成这项对中华民族、对人类都具有重大意义的伟业！"

2020年是全面建成小康社会决胜期，是打赢脱贫攻坚战的最后时间节点。西藏自治区、涉藏工作重点省、新疆维吾尔自治区南疆四地州、四川省凉山州、云南省怒江州、甘肃省临夏州等地区，即"三区三州"深度贫困地区，这些地区生存环境恶劣、致贫原因复杂、基础设施和公共服务缺口大、贫困发生率普遍在20%左右，是真正的贫中之贫、困中之困。教育扶贫是脱贫攻坚战的重要组成部分，习近平总书记在2015年减贫与发展高层论坛的主旨演讲中指出："授人以鱼，不如授人以渔。扶贫必扶智，让贫困地区的孩子们接受良好教育，是扶贫开发的重要任务，也是阻断贫困代际传递的重要途径。我们正在采取一系列措施，让贫困地区每一个孩子都能接受良好教育，让他们同其他孩子站在同一条起跑线上，向着美好生活奋力奔跑。"党的十八大以来，我国进入精准扶贫攻坚时期，从中央到地方出台了《关于打赢脱贫攻坚战的决定》《关于实施教育扶贫工程的意见》等一系列教育精准扶贫政策。"三区三州"深度贫困地区长期以来教育基础薄弱，教育发展速度缓慢，教育水平落后成为脱贫攻坚的重大阻碍。可见，"三区三州"深度贫困地区教育脱贫是打赢脱贫攻坚战的重要环节。

根据党中央关于深度贫困地区脱贫攻坚的总体部署，2020年"三区三州"深度贫困地区教育脱贫攻坚的目标是义务教育有保障，即保障"三区三州"深度贫困地区义务教育基本公共服务主要领域指标接近全国平均水平。脱贫攻坚工作是我国一项长期的重要任务，"三区三州"深度贫困地区在2020年如期实现目标，完成教育脱贫后，还将面临稳脱贫、防返贫的艰巨任务。由于"三区三州"深度贫困地区教育事业基础相对薄弱，教育脱贫成效仍需持续加以巩固，并不断稳步提升。"三区三州"深度贫困地区教育扶贫必须建立长效机制，这是解决"三区三州"深度贫困地区"脱贫关"的关键一步，也是打赢"三区三州"深度贫困地区脱贫攻坚战后，脱贫减贫事业的工作重心与必然要求，是"三区三州"深度贫困地区教育事业发展的重要内容。

因此，深入了解"三区三州"深度贫困地区教育扶贫工作的基本情况和实际状况，全面总结取得的成绩和经验，认真分析存在的困难和不足，并提出具有较强针对性、指导性、前瞻性的改进措施和政策建议，具有十分重要的理论与现实意义。

二、文献综述

截至 2020 年 4 月 26 日，中国知网以"教育扶贫"为主题，共有 3160 篇文献，其中期刊 2667 篇，报纸 273 篇，会议论文 40 篇，学位论文 180 篇；有 349 篇文献属于政策类研究。以"'三区三州'教育扶贫"为主题，共有 8 篇文献。从文献发表的分布来看，2015 年以后相关内容研究的数量呈直线上升趋势。从研究主题的分布来看，精准扶贫、教育扶贫、职业教育、教育精准扶贫是出现次数较多的关键词（见图 1）。从关键词关系结构来看，乡村振兴、人才培养、职业教育、义务教育是较为重要的一级关键词（见图 2）。

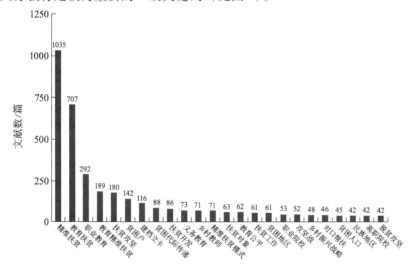

图 1 "教育扶贫"研究主题分布图

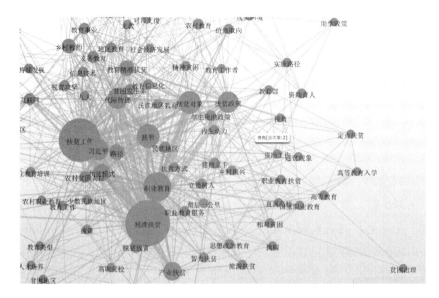

图 2　关键词关系结构图

根据文献主要研究内容，从以下几方面进行文献梳理。

（一）教育精准扶贫的相关研究

1. 教育扶贫及教育精准扶贫内涵的讨论

主要归纳如下："素质提高论"，即提高贫困地区人口素质，促进当地经济文化发展①；强化、提高贫困人口的综合素质，继而斩断贫困代际传递②。"智力培育论"，即教育扶贫是对贫困地区人才的智力培育和人才保障，贫困地区实现脱贫需要依托教育提供高素质人才的智力资源③。"扶教扶贫整合论"，即教育扶贫是"扶教育之贫"与"依靠教育扶贫"的整合，先实现教育领域的减贫与脱贫，再带动贫困地区人口的脱贫致富④。"掌握知识技能论"，即以教育投入与资助使贫

①　熊文渊. 高校教育扶贫：问题与路径 [J]. 当代教育科学，2014（23）：43 - 46.

②　向雪琪，林曾. 改革开放以来我国教育扶贫的发展趋向 [J]. 中南民族大学学报（人文社会科学版），2018（3）：74 - 78.

③　殷巧. 教育扶贫：精准扶贫的根本之策 [J]. 人民论坛，2017（13）：84 - 85.

④　刘军豪，许锋华. 教育扶贫：从"扶教育之贫"到"依靠教育扶贫"[J]. 中国人民大学教育学刊，2016（2）：44 - 53.

困人口掌握脱贫致富的知识、技能并最终摆脱贫困①。"扶志与扶智论"，即强调教育扶贫首先要消除精神贫困，关注贫困人口精神世界的发展，改变其安于现状、消极封闭的思想；其次是治愚②。学者对教育精准扶贫的内涵主要形成了精准识别、精准帮扶、精准管理、精准考核的"四精准说"③；扶持对象、项目安排、资金使用、措施到户、因村派人、脱贫成效等六个方面的"六精准说"④；以及具备系统性、发展性等政策特征的"政策精准说"⑤。

2. 教育扶贫模式机制的研究

系统模式是以结构为基础，形成"问题识别—决策—执行—评估"全周期相互支持的教育政策体系；以满足 AGIL 功能条件为前提，在政策形成和实施的过程中，达成"内外部环境－政策机构－政策措施－政策目标"的系统整合，使之相互适应、渐进发展、协调统筹、连贯持续；以功能为目标，最终实现人的全面脱贫⑥。输血式模式是以直接增加对贫困地区教育事业人力、物力、财力的投入为主要内容，政府科学整合资源来改善教育扶贫的"硬件"条件⑦。造血式模式旨在激发贫困人口的内生动力，使其获得摆脱贫困的能力，通过改变贫困人口的观念、知识结构、技能水平，对贫困人口进行精神扶贫。协同式模式强调政府、高校、社会力量等多元主体在教育扶贫中的作用，主张各主体通过沟通协商、互助合作实现教育扶贫质量与效益的最大化，建立以政府、非营利性组织、学校为主体的"三位一体"的教育扶贫

① 谢君君. 教育扶贫研究述评 [J]. 复旦教育论坛，2012 (3)：66－71.

② 陈立群. 教育扶贫，首先要扶的是精神——一位支教校长眼中的欠发达地区高中教育 [J]. 人民教育，2016 (23)：37－38.

③ 葛志军，邢成举. 精准扶贫：内涵、实践困境及其原因阐释——基于宁夏银川两个村庄的调查 [J]. 贵州社会科学，2015 (5)：157－163.

④ 黄金梓. 精准生态扶贫刍论 [J]. 湖南农业科学，2016 (4)：103－107，111.

⑤ 梁士坤. 新常态下的精准扶贫：内涵阐释、现实困境及实现路径 [J]. 长白学刊，2016 (5)：127－132.

⑥ 李芳. 集中连片特困地区义务教育精准扶贫制度模式探究——基于帕森斯的社会行动理论 [J]. 华东师范大学学报（教育科学版），2019 (2)：122－132.

⑦ 胡蝶. 扶贫必扶智：教育精准扶贫是摆脱贫困的内生动力 [J]. 改革与开放，2016 (21)：84－86.

模式①。

（二）"三区三州"深度贫困地区学前教育阶段教育脱贫的相关研究

1. 对"三区三州"教育扶贫背景下学前教育开展情况的调研和分析

（1）从总体上分析农村学前教育发展现状，指出：党的十八大以来，国家对贫困地区的学前教育实施特惠政策，贫困地区和贫困儿童的教育工作推进明显、成效显著。接连出台相关政策帮助贫困地区学前教育大发展，政策倾斜成效初显，农村、中西部等贫困地区学前教育事业发展的指标得到明显改善，在教育资源、教师数量、办园条件等方面都有提升。② 同时，贫困地区学前教育仍然存在诸多问题：财政投入不足，财政性学前教育经费在 2016 年占比仅为 4.2%，而贫困地区自身经济基础薄弱、财政拮据，直接导致教育配套能力不足，大多依靠财政转移性支付，财政投入不足极大地影响了学前教育的发展③；资源分配失调，政府投入力量少、主导地位不明确，公办幼儿园多是在居住人口多、经济条件好的镇和村选址，而偏远地区、人口稀少的乡村学前教育资源严重不足；管理机制混乱，一些地区并未将学前教育纳入管理系统加以统一部署和管理，主管部门缺位，主管责任不清楚、管理体制不明确，使农村的学前教育发展思路不清，影响学前教育政策法规、规章制度及发展规划在农村各地区的有效落实；办学条件简陋，很多幼儿园修建规模达不到标准要求，存在布局不合理、配套设施不完善、卫生条件不达标的情况，很多地区幼儿园特别是民办幼儿园场地多以租赁为主，教学质量受到影响、存在安全隐患，且不符合幼儿的年龄特点，缺少配套的教学设施，没有充足的教室与活动

---

① 范涌峰，陈夫义. "三位一体"教育扶贫模式的构建与实施［J］. 教育理论与实践，2017（10）：29－32.

② 姜蓓佳. 贫困地区学前教育扶贫的现状与对策［J］. 教育探索，2019（6）：9－13.

③ 同②.

场所①；师资力量薄弱，农村幼儿园教师数量短缺、教师队伍稳定性差、缺乏保育人员、教师参加培训的机会少，与学前教育资源迅速扩大的趋势相比，教师补充严重滞后，目前教师补充数量跟不上幼儿园建设的速度，幼师数量的匮乏严重影响着乡村幼儿园的保育质量。② 由于教师不足、经费短缺，一些幼儿园往往聘请非专业的社会人士担任教师，这些社会人士既没有接受过系统的学前教育培训，又缺乏正确的保育理论知识和实践经验，加之工作岗位的临时性和较低的待遇，导致这部分教师的责任心、事业心不强，教育质量很低③。

（2）从"三区三州"某地入手进行相对深入的调研，分析其学前教育发展现状，指出存在的问题，提出意见建议，例如对云南省怒江州教育扶贫问题的调查④，对贫困地区某县学前教育普及率低、资源短缺、教师不足等问题的调查⑤。

（3）从学前教育的某一方面入手进行调研分析，涉及学前教育与推广国家通用语言文字相结合、学前教育信息化建设等内容。如以云南省怒江傈僳族自治州和德宏傣族景颇族自治州两个地区为例，阐释边境少数民族地区学前教育与推广国家通用语言文字相结合的特征；云南少数民族人口中，母语仍然是大多数少数民族的日常用语。目前，云南城镇普通话普及率达到75%以上，农村、边远民族聚居地区普通话普及率为60%左右（依据2017年县域普及普通话抽查数据），特别是"直过民族"⑥地区仍有部分群众不能用汉语进行沟通交流。因此，

---

① 张志诚. 基于精准扶贫工作中农村学前教育 ［J］. 科技资讯，2020（13）：169 - 171.

② 姜蓓佳. 贫困地区学前教育扶贫的现状与对策 ［J］. 教育探索，2019（6）：9 - 13.

③ 同①.

④ 刘苏荣. 深度贫困地区教育扶贫面临的问题及政策建议——基于云南省怒江州的565份调查问卷 ［J］. 西南民族大学学报（人文社会科学版），2020（2）：81 - 89.

⑤ 马忠才，郝苏民. 乡村教育振兴的困境及其内生性逻辑——基于深度贫困地区Y县的调查分析 ［J］. 中南民族大学学报（人文社会科学版），2020（3）：169 - 174.

⑥ "直过民族"是特指一部分保持浓厚原始公社形式的少数民族，在新中国成立之后，在党和政府帮助下，未经过民主改革，跨越几个社会历史发展阶段，直接过渡到社会主义的民族。详见：刘文光. "直过民族"经济社会发展障碍因素探析——以云南"直过民族"为例 ［J］. 前沿，2010（13）：133 - 137.

云南省边境少数民族地区将学前教育扶贫与推普攻坚结合起来，注重民汉双语幼儿教师的培养与培训。基于"一村一幼"的不断推进，主要通过绘本阅读、教师讲故事的方式，引导和帮助3~6岁儿童听懂、会说、敢说普通话，并积极创设普通话的应用环境，鼓励孩子使用普通话表达自己的所思所想，为其顺利完成义务教育及高中、大学阶段的学习乃至就业打下语言基础。① 凉山州开展"学前学会普通话"行动试点，基于学前推广普通话效果最好、有助于教育接续和形成普通话思维的优势，在推动"一村一幼"的同时强调对幼儿进行普通话教育，取得了较好的效果。受过学前教育的彝族儿童养成了良好的生活习惯，培养了丰富的精神世界，升入小学后接受义务教育不再存在语言障碍。② 以四川省甘孜藏族自治州为例，阐释边远民族聚居地区学前教育信息化建设面临的挑战与机遇：边远地区存在将"教育信息化"片面理解为"基础教育信息化"，对学前教育信息化认识不全面、不充分，对其内涵和战略地位的理解也模糊不清的问题。此外，由于地域面积广，学前教育信息化成本高，在学前教育尚不属于义务教育的情况下，学前教育信息化建设严重缺乏经费支持，制约其发展进程；由于边远民族地区人才匮乏，学前教育工作者普遍缺乏信息化素养，对信息化建设重要性的认识尤为不足，甚至有教师将信息技术当作为自己"减负"的工具，在实际教学过程中无法实现信息资源与幼儿课程的有效整合；区域学前教育信息资源开发滞后，现有信息资源大多是仅仅满足于教学层面的简单"可视化"资源，缺乏在深层次上与幼儿园活动的有效整合，学前教育信息资源开发存在机械地模仿中小学教育的问题，未能按照学前教育特点和区域特色及幼儿需求建设信息资源。同时，学前教育信息化建设也处于全面实现小康社会、优先发展教育事业的战略机遇期，在宏观政策的积极引导、不断丰富的研究成果和理论的有力支撑、前期经验的实践指导和相关人员观念转变等多

---

① 杨舒涵. 边境少数民族地区教育脱贫攻坚政策实践与效能研究［J］. 教育文化论坛，2020（1）：48 –53.

② 赵俊超，张云华. 学前推广普通话是民族地区发展的战略举措［J］. 开放导报，2019（8）：45 –47.

重因素的影响下，学前教育信息化建设面临良好的发展前景。①

2. 对"三区三州"学前教育研究及学前教育发展的价值考量

党和国家在推进精准扶贫、全面实现小康社会的历史背景下，提出"扶贫先扶智""优先发展教育事业"等一系列战略部署，教育扶贫肩负着补齐短板、激发脱贫内生动力、阻断贫困代际传递的重大责任。学前教育是国民教育体系和社会公共事业的重要组成部分，是教育的基础阶段，对实现个体全面发展、提高教育质量、提升国民素质、促进教育公平、推动国家经济社会发展具有极其重要的作用。② 从世情来看，办好学前教育就是在积累国家财富，学前教育始终被视为国家财富之基，得到国际组织和各国的高度重视。联合国儿童基金会 2019 年年初发布的专门针对学前教育的第一份全球报告——《让每一名儿童都做好学习准备：优先发展有质量的学前教育》显示，与错失学前教育机会的儿童相比，接受过学前教育的儿童的早期读写和算术能力高出逾两倍。对贫困地区的儿童给予特殊关注、高度重视贫困地区的学前教育发展，已成为包括联合国在内的国际社会的重要共识，被纳入面向 2030 年的世界教育愿景和目标之中。2015 年 9 月，联合国全球领导人纽约峰会通过的《2030 年可持续发展议程》提出，"确保全纳、公平、有质量的教育，为全民提供终身学习的机会""确保所有男女童获得优质早期发展、保育和学前教育，为接受初等教育做好准备"。从国情来看，学前教育是提升国民素质和促进个人终身发展的基础，被视为实现整个国民教育体系和教育强国建设目标的奠基性工程。《国家中长期教育改革和发展规划纲要（2010—2020 年）》提出"基本普及学前教育"的战略目标，并要求"重点发展农村学前教育"。《中国教育现代化 2035》提出，"普及有质量的学前教育"。我国扶贫事业的纲领性文件《中国农村扶贫开发纲要（2011—2020 年）》将儿童教育扶贫开发纳入国家扶贫的政策体系，明确了学前教育助力扶贫攻坚的战

① 王杰. 边远民族地区学前教育信息化建设的挑战与机遇探析——以甘孜藏族自治州为例［J］. 科技资讯，2009（4）：170－172.

② 马晶晶. "精准扶贫"背景下县域农村学前教育发展机制改革研究——以甘肃省 H 县为例［J］. 基础教育研究，2017（17）：74－77.

略地位。学前教育助力扶贫,已上升为国家减贫、反贫战略的重大举措。① 另外,学前教育发展对于边境少数民族地区脱贫攻坚具有突出的作用。边境少数民族地区教育脱贫攻坚的政策逻辑是通堵点、疏痛点、消盲点、补短板和兜底保障,但特殊的地理环境和民族文化氛围使其政策效能体现出多维性与延展性。加强学前教育有助于提升边境少数民族地区的教育质量,促使各种政策效能形成良性循环,从而推动脱贫攻坚工作的可持续发展,避免脱贫后的返贫现象。同时还可辐射边境教育,有力吸引边民回流,并配套相应的户籍管理制度和动态监测机制,对我国边境安全产生积极而深远的影响。②

3. 对"三区三州"学前教育质量提升的对策和建议

在充分调研和全面分析贫困地区学前教育现状的基础上,学者们针对学前教育存在的问题和困难,对提升学前教育质量提出相关建议。一是坚持公平导向。不断加强社会保障制度建设,通过贫困家庭学生资助、奖助学金发放等政策保障每一个适龄儿童的受教育机会。③ 二是遵循幼儿教育规律。学前教育作为一个独立的学段,有自己的教育理念、教育目标、教育内容和教育方法,既不能被其他学段所取代,也不能照搬照抄其他学段。贫困地区幼儿园应当避免"小学化"倾向,努力深化保教改革,严格按照幼儿身心发展规律办园,重点开展好幼儿的游戏活动,寓教育于游戏之中;同时加强与家长的联系沟通,积极宣传先进的幼儿教育理念,帮助家长形成科学的育儿观念,形成"家园"共育合力。④ 三是改善办园条件。不断加大财政投入,对民办幼儿园提供更多的奖补资金,帮助其办园条件尽快达到标准,添置设施设备,创设良好的教学生活环境,促进保教质量提升。⑤ 四是加强安全管理。不断完善各项管理制度,建立安全应急预案,落实安全工作

---

① 姜蓓佳. 贫困地区学前教育扶贫的现状与对策 [J]. 教育探索, 2019 (6): 9 – 13.
② 杨舒涵. 边境少数民族地区教育脱贫攻坚政策实践与效能研究 [J]. 教育文化论坛, 2020 (1): 48 – 53.
③ 姜蓓佳. 贫困地区学前教育扶贫的现状与对策 [J]. 教育探索, 2019 (6): 9 – 13.
④ 张国胜. 进一步激发甘南藏区民办学前教育办学活力 [J]. 中国民族教育, 2020 (3): 29 – 31.
⑤ 同③.

责任，重点抓好关键环节和重点领域的安全工作，切实加强督促检查。① 五是提升保教队伍质量。结合贫困地区的特点因地制宜、创造条件解决教师队伍建设问题。扩大幼儿教师来源，加强职前职后培训；提高教师福利待遇、增强教师获得感和归属感；努力形成合理的城乡教师流动机制，充分发挥县乡两级公办园和中心园的教研引领、示范、咨询作用，培养乡村骨干幼儿教师，以点带面促进贫困地区乡村幼儿教育的专业性发展。②

综上所述，"三区三州"学前教育相关研究大多聚焦于学前教育质量提升推动教育扶贫和促进教育公平的重要作用，并在调查研究的基础上提出了许多有针对性的对策建议。

（三）"三区三州"深度贫困地区义务教育阶段教育脱贫的相关研究

1. 对"三区三州"深度贫困地区教育扶贫的调研

通过对南疆的调研，发现当地教育脱贫面临的困难主要是农村义务教育投入远低于城市，农村教育资源比较缺乏，农民的受教育程度和文化水平较低；同时，经济社会发展严重滞后，教育意识薄弱，贫困人口文化素质较低，受宗教意识、传统思想、经济环境、教育水平及农民收入、投资教育能力等诸多因素影响，轻视知识，相信经验，形成不了智力投资的理念，不重视孩子受教育的机会，中学辍学率高③。根据对西藏及不同地区贫困程度的调研，认为昌都、日喀则和那曲是脱贫攻坚的三大主战场；西藏的农村贫困呈现贫困人口基数大、贫困集中连片、局部贫困突出、贫困程度深、返贫现象普遍、相对贫困突出等特征；需推进深度贫困地区扶贫供给侧结构性改革，精准施

---

① 张国胜. 进一步激发甘南藏区民办学前教育办学活力［J］. 中国民族教育，2020（3）：29 – 31.

② 李洋. 贫困地区乡村幼儿教育的发展及其精准扶贫——以湖南省贫困乡村为例［J］. 湖南第一师范学院学报，2019（4）：72 – 76.

③ 周斌. 南疆深度贫困地区教育扶贫的思考［J］. 新西部，2018（8）：63 – 67.

策解决突出制约问题，构建深度贫困群体稳定脱贫的长效机制①。通过对四川省凉山州的调研，认为其地形以半农半牧山区或高寒山区为主，作物种类相对单一；"一步跨千年"，社会形态发育不完善，人的思想观念落后；受教育程度低，教育基础薄弱，对现代生产技术的掌握能力低；文化传承创新不力；产业发展不充分、不平衡等是主要的致贫原因，教育扶贫应从培养贫困彝区人才、阻断贫困代际传递、深化融合常规扶贫模式、强化扶贫"造血"机能等方面入手②。通过对云南省怒江州的调研，认为基础教育投入不足是贫困的主要原因，目前很多村寨都基本没有学前教育和小学教育机构，一般一个区只有一所小学学校，造成了很多小孩从小学一年级甚至更小的年龄就开始住校，造成了家庭教育的缺失，影响了学生的健康成长③。

2. 对"三区三州"深度贫困地区教育脱贫对策与思路的探讨

地方政府应把农户对国家扶贫政策的知晓度、对教育扶贫具体措施的感知度、对教育扶贫具体工作的认可度、对生产技能提升的感受度作为工作内容和关注焦点，积极提升农户致富能力④。政府应加强对深度贫困地区的教育扶贫倾斜政策，甚至采取"一县一政策"措施克难攻坚；增加农村师资编制并提高教师工资待遇；以少数民族文化进校园助推教育事业内源式发展⑤。深度贫困地区实施教育精准扶贫要"两条腿"走路，一是要立足当下，保障深度贫困乡镇九年制义务教育的全面实施，不仅要让学生"有学上"，还要保障学生"上好学"；二是要放眼未来，建立并不断完善针对深度贫困地区农民的教育机制，重视和提升农民文化水平和专业知识技能，提高农民的自我造血功能，

① 徐伍达. 西藏打赢深度贫困地区脱贫攻坚战的路径选择［J］. 西南民族大学学报（人文社会科学版），2018（5）：57－62.

② 李娜. 深度贫困地区高校参与精准扶贫的价值与路径思考［J］. 西昌学院学报（社会科学版），2019（2）：41－44.

③ 李小文，唐德智. 怒江州"直过民族"地区贫困原因分析［J］. 农村实用技术，2019（6）：76－77.

④ 陈达云，蒋明. "三区三州"教育脱贫攻坚要抓根本重精准促满意——基于四川凉山彝族自治州精准扶贫工作的调查研究［J］. 中国民族教育，2019（5）：39－41.

⑤ 刘苏荣. "三区三州"深度贫困地区职业教育的困境与出路［J］. 职业技术教育，2019（15）：56－61.

让其成为乡村振兴的主力军①。完善扶贫政策体系，助力精准扶贫；办好农村基础教育，夯实教育根基②。

（四）"三区三州"深度贫困地区职业教育助力教育扶贫的相关研究

1. 职业教育的重要地位与助力教育扶贫的功能定位

当前，职业教育已经在深化供给侧结构性改革，助推"中国制造"转向"中国智造"中发挥重要作用；在加快建设创新型国家，建立产学研深度融合的技术创新体系中发挥重要作用；在实施乡村振兴战略，构建现代农业产业体系中发挥重要作用；在实施区域协调发展战略，推进革命老区、民族地区、边疆地区、贫困地区加快发展中发挥重要作用；在加快完善社会主义市场经济体制，培育具有全球竞争力的世界一流企业中发挥重要作用；在推动形成全面开放新格局，加快培育国际经济合作和竞争新优势中发挥重要作用。③ 职业教育助力教育扶贫的主要功能定位有：扶智力，职业教育虽然无法解决因环境或疾病而造成的贫困，但可以帮助扶贫对象提高其各方面的能力；扶发展，确保扶贫对象和其他人在发展机遇和发展环境上处于平等状态，使扶贫对象在个人发展中获得更强的获得感、满足感；扶权利，保障个人发展的权利，尤其是个人受教育的权利，通过教育来提高发展能力和综合素质；扶精神，解决精神方面的贫困。④

2. 职业教育扶贫

通过赋权激发贫困人口内生动力，提升"可行能力"，是职业教育阻断贫困代际传递的价值体现。职业教育扶贫须坚持公平与效率相统

---

① 范卿泽. 基于深度贫困地区教育现状实施教育精准扶贫的对策研究［J］. 当代教育科学，2019（6）：92－96.

② 李积鹏，叶长文. 深度贫困地区教育精准扶贫：表现、成因、对策［J］. 湖北成人教育学院学报，2018（3）：78－82.

③ 顾昭明，张剑. 把加快发展现代职业教育摆在更加突出的位置［J］. 中国高等教育，2018（24）：16－18.

④ 杨克. 当代职业教育的扶贫功能及实现路径［J］. 淮南职业技术学院学报，2019（1）：73－74.

一、个人价值与社会价值相统一、短期效果与可持续发展相统一的原则。

（1）公平与效率相统一。民族聚居地区职业教育扶贫的价值体现在彰显社会主义本质要求，促进社会公平和正义；推动高质量包容性发展，阻断贫困代际传递；有助于铸牢中华民族共同体意识，促进民族团结进步。职业教育扶贫过程中追求的公平，主要体现为让贫困地区和贫困人口平等享有受教育的权利、优质的教育条件和教育资源。同时，职业教育是与经济社会产业联系最为紧密的教育类型，是以促进就业为导向的教育，这与职业教育以为社会生产和服务一线培养实用型技术技能人才为根本目标的属性是相符的。正因如此，职业教育是提高贫困人口致富能力的最有效、最直接的途径，是实现精准脱贫的重要方式。随着国家扶贫攻坚的推进，除需要国家兜底的贫困人口外，现有的贫困人口主要是因思想观念落后、能力尤其是就业技能不足造成的贫困。对于这些贫困人口的精准扶贫和精准脱贫，职业教育更加有效，也更有优势。① 突出效率是新时代扶贫区别于传统扶贫的要点之一，精准扶贫战略的提出一定程度上也是针对于此，同时，扶贫工作"高耗低效"问题的出现也一定程度上源于对"公平"的误读。基于此，职业教育扶贫要避免走老路，必须把效率作为各项工作安排和项目执行的根本导向，唯有实现公平与效率的统一，才能充分发挥职业教育扶贫的实际价值。

（2）个人价值与社会价值相统一。教育的本质属性是育人，这也决定了教育扶贫不同于产业扶贫，它不直接作用于社会生产，而是通过提高人口素质来促进贫困地区经济社会发展。一方面，作为一种教育形式，立德树人、促进个体自我价值的实现是职业教育的内在要求，也是职业教育扶贫首先应秉持的价值取向。另一方面，职业教育具有与生产劳动结合紧密的特征，承担着为经济建设和社会进步提供技能人才和技术支撑的任务，服务社会是职业教育和职业教育扶贫的必然要求。同时，从扶贫工作的性质来看，它既关乎经济收入问题，也关

---

① 何丕洁. 对职业教育精准扶贫问题的思考［J］. 教育与职业，2015（30）：5-7.

乎文化发展问题，与整个社会系统紧密相关。职业教育扶贫是扶贫工作系统的一部分，理应将其放到整个社会系统中加以综合考量。基于此，职业教育扶贫战略的实施，应以提高贫困人口的素质为主线和突破口，以文化知识传授、技术技能教育、职业培训等着力改善贫困地区人口的精神面貌，提高就业能力、拓展就业空间，帮助其建立脱贫致富的信心、思路和能力；以服务贫困地区经济社会发展为目标定位，深入了解区域发展现状和当地贫困人口的现实需求，精准制订帮扶措施。通过提高贫困地区劳动者的综合素质，从根本上解放和发展贫困地区生产力，促进区域经济发展，实现个人价值与社会价值相统一。

（3）短期效果与可持续发展相统一。在充分利用职业教育"门槛低"、即学即会优势的同时，也要预防对短期效应的功利化追求。致力于全面可持续发展，既是新时代扶贫工作的重点，也是教育的本质追求。这就要求职业教育在设计扶贫举措时，既要立足当下，集中力量助力脱贫攻坚，又要着眼长远，提升贫困地区和人口的可持续发展能力，这也是今后相当长一个时期防返贫工作的重点。从地区的可持续发展而言，要处理好职业教育生产与生态的关系，提前识别环境风险，将合理利用自然资源、有利于生态文明建设等纳入职业教育扶贫的标准和规范中，维系社会发展与自然环境的平衡和谐。从人的可持续发展而言，注重扶贫内容的全面性和前瞻性，在发展和提升知识、技能等显性能力的基础上，加强对思想观念、行为习惯、情感态度等的塑造，使扶贫对象从能力上和精神上融入现代产业体系，同时要前瞻化设计教育和培训内容，以适应将来产业变化发展的需要。注重帮扶过程的连续性，在短期实用技术培训项目的基础上开展跟踪培训，坚持动态调整原则，把新时期、新阶段需掌握的新知识、新技能充实到培训内容中，形成防止脱贫人口返贫的长效机制，实现根本性脱贫。

民族聚居地区职业教育扶贫政策的总体变化趋向主要是从保障生存向促进发展转变，从特惠性政策向普惠性政策转变，从超常规向常规转变，以保障职业教育公共服务，通过高质量内涵式发展提升职业教育吸引力，通过创新体制机制推动民族地区乡村振兴与职业教育扶贫的深度融合，从以农村为主向城乡融合转变，进而健全反贫困多元治理机制，构建保障稳定脱贫和减少贫困发生的职教扶贫长效机制，不断提高职业教育扶贫的法治化水平。①

3. 职业教育精准扶贫的政策实效与不足②

当前大部分职业院校都不同程度地承担着精准扶贫任务，在校内通过招生、培养、就业等环节实施政策性资助，在校外则通过驻村工作队、科技扶贫、专项扶贫、人员培训、组织帮建等方式，举全校之力助力脱贫攻坚，取得了显著成效。职业教育助力精准扶贫的主要政策措施有以下方面③：

（1）驻村帮扶。选派事业心强、作风过硬的党员干部和骨干深入扶贫一线，担任驻村第一书记或驻村干部，帮助帮扶地区做好基层组织建设、产业发展规划、资金利用、技术培训、包户帮扶等工作。

（2）科技扶智。采用请进来、走下去等形式进行致富技能培训，充分发挥致富带头人的影响和辐射作用，实现先富带后富。针对包户帮扶对象建立健全后续跟踪、定期联系、"回头看"等机制，确保不返贫。

（3）资金扶贫。建立专项扶贫资金，主要用于帮助贫困地区改善硬件条件，如交通、通信、环境等基础设施，以及党员活动室、致富试验田、新技术成果转化基地等。为新项目或产业提供启动和助推资金。以解决特困群众的生产生活燃眉之急等。

（4）组织建设。充分发挥思想优势、组织优势、人文优势等，不断增强农村基层党组织的凝聚力和战斗力，发展和完善党领导下的村级民主自治，着力提高"两委"班子的领导力、执行力和创造力。

（5）建立基地。在定点帮扶地区建立教育实践基地，作为职业院校各级党组织、党员干部等开展主题党日活动、体验国情乡情、开展拓展训练等教育实践平台；同时，也能够提高贫困地区党员干部带头

---

① 刘孙渊. 2020 年后民族地区职业教育扶贫的价值审视与政策趋向［J］. 当代职业教育，2020（2）：10 – 16.

② 朱爱国，李宁. 职业教育精准扶贫策略探究［J］. 职教论坛，2016（1）：16 – 20.

③ 董香君，陈维华. 职业教育精准扶贫的 SWOT 分析及其策略探究［J］. 中国职业技术教育，2017（23）：55 – 59.

致富的主动性、积极性和创造性。[①]

职业教育助力精准扶贫的过程中仍存在一些问题，影响扶贫质量和效益。

1）职业教育精准扶贫缺乏整体性的制度安排。从政策安排层面看，职业教育扶贫主要在国家扶贫攻坚、职业教育改革等政策文本中有所体现，但大多是从教育扶贫的视角进行安排，对职业教育如何助力精准扶贫缺乏具体的设计。而从实践层面来看，职业教育精准扶贫主要体现在阶段性的扶贫攻坚计划中，主要从贫困地区农村劳动力转移培训、促进农村劳动力就业及贫困家庭子女的职业教育等方面来实施，有明显的零散性和应急性特征。

2）职业教育精准扶贫服务对象不够广泛。职业教育精准扶贫更多地被设计成一种让贫困对象摆脱贫困的方式，而在促进贫困人口摆脱贫困可持续发展能力方面的价值没有得到应有的关注。从职业教育精准扶贫的对象来看，仍主要集中于社会贫困人口尤其是农村贫困人口，对初中毕业和高中毕业后未升学学生的关注不够。值得注意的是，若得不到有效的教育和培训，这些青年将有可能成为贫困人口的一部分。

3）职业教育精准扶贫的吸引力和认同感不强。职业教育精准扶贫的临时性、应急性制度安排不利于贫困人口可持续发展能力的提高。一方面，职业教育在服务农村劳动力向非农转移的职业能力培训中，因培训时间有限、培训形式单一、实用性不强等原因，整体质量有待提高。另一方面，从学校职业教育的扶贫助困功能来看，因历史上的投入不足、观念上的偏差及学校自身的原因，在实际培养培训中的效果还有待进一步改善，从而不断增强对贫困人口的吸引力。

4）职业教育精准扶贫的精准性有待进一步加强。职业教育精准扶贫的关键是精准识别和精准施策，即针对那些因能力（尤其是职业能力与就业技能）不足而致贫的贫困人口提供适合的、有效的职业教育与培训。现实中，我国农村职业教育在精准扶贫中存在投入不足、教

---

① 王月辉. 高职教育助力精准扶贫策略研究［J］. 淮北职业技术学院学报，2019（8）：4－6.

学资源匮乏、发展环境缺失、扶贫机制不健全等一系列问题。同时，职业教育精准扶贫中普教色彩较浓，精准性和有效性需要进一步提升。

4. 区域职业教育助力教育扶贫的调查研究

九三学社中央课题组对"三区三州"职业教育助力教育扶贫进行了系统调研，认为由于"三区三州"职业教育起步晚、底子薄、基础差，在观念、政策、条件、师资等方面存在一些问题，主要表现为6个方面：职业教育的布局结构有待优化；基础建设缺口大；师资紧缺；国家通用语言文字教育的水平总体不高；对口支援和东西协作机制有待完善；产教融合、校企合作有待深化。主要措施包括6个方面：加强顶层设计和科学规划；全面推广国家通用语言文字教育；精准施策加大资金投入；加强教师队伍建设；深入推进校企合作；完善对口支援和东西协作机制。①

通过对云南省怒江州进行实地调研发现，该地区的职业教育取得了一定的成果，但也面临专业设置与地方民族特色产业不匹配、职业教育在当地的认可度低、师资队伍的整体素质不高等发展困境。需要紧扣地方民族特色产业来发展职业教育，通过职业教育培养少数民族文化传承人，加强职业教育师资队伍建设。②

有学者对四川省阿坝州、甘孜州、凉山州和乐山市的金河口区、峨边彝族自治县、马边彝族自治县等深度贫困地区进行调研发现，脱贫内生动力不足、脱贫技术技能缺乏、产业发展能力不足是四川省职业教育服务精准扶贫的基本现状。需积极探索产学研用多方联动的特色产业精准扶贫模式，其要点包括：传播现代文明，激发脱贫内生动力；加强技能培训，培养脱贫中坚力量；进一步深化"9＋3"等职业教育合作项目，在学历提升、继续教育等方面给予重点关心与支持，努力为当地培养一批"回得来、留得住、用得上、干得好"的高素质人才；切实加强集团化办学，深入集聚教育脱贫力量，优质高职院校

① 九三学社中央课题组. 关于加强"三区三州"职业教育发展的思考［J］. 教育与职业，2019（14）：43－44.

② 刘苏荣."三区三州"深度贫困地区职业教育的困境与出路——以云南省怒江州为例［J］. 职业技术教育，2019（15）：56－61.

要充分发挥引领示范作用，带动更多的学校、更多的人才发挥自身优势积极参与教育精准扶贫；创新"互联网＋"模式助推特色产业发展，打造智慧学习平台，建设移动课程资源，建立跨专业公共共享实践实训基地，建立云平台数据中心，定期进行成果发布，免费共享优质资源，实现精准扶贫的良性可持续发展。①

5. 促进职业教育进一步发展的对策建议

（1）准确定位职业教育精准扶贫。一是在培养目标定位方面，职业教育应更多关注贫困学生在市场竞争中谋求立足和发展的可持续能力的培养，让其既能学到一门实用技术进而实现就业，又具备持续学习的能力以适应未来产业发展和工作的变化，从而既能解决当前的贫困问题又能实现可持续发展。要为当地现代产业培养对口适用的人才，确保贫困学生能就地就近获得工作。二是在对象定位方面，贫困地区的职业院校在招生政策方面要向当地贫困家庭子女倾斜、对当地农民群体进行重点技能培训。三是在区域定位方面，要提高地方职业院校专业设置与当地社会人才需求的一致性与匹配度，同时保持一定的灵活性。四是在服务内容定位方面，职业教育精准扶贫既要重视教育教学，更要注重技能培训，尤其是要把校内教育培训与校外就业和再就业服务结合起来。②

（2）提升职业院校办学质量，提高人才培养能力。

1）优化人才培养方式。通过职业教育进行精准扶贫，为每个孩子提供可以立身于社会的技能培养平台，让学生能够在市场的竞争中谋求更好发展。为此，学校应当不断优化职业教育人才培养方式，进一步构建中职、专科、本科的"立交桥"，为贫困孩子提供更多的公平发展机会。不断深化"一体化"办学，开展产教融合、校企合作、订单式培养。促进学校、企业、学生形成相互依存、相互促进的利益共同体，有利于学校也有利于整个职业教育的可持续发展。这样，通过人

① 李美清. 高职院校服务精准扶贫策略研究——基于四川省深度贫困地区的现状分析[J]. 教育科学论坛，2019（4）：18-21.
② 瞿连贵. 从职业教育扶贫到职业教育精准扶贫——内容分析、问题反思及前景展望[J]. 成人教育，2018（11）：75-80.

才培养方式的优化，让更多掌握技能的学生步入社会，取得较好的教育、经济、社会效益。加大实用技能的培训力度，以贫困县级的职业教育院校为主要阵地，着力发挥涉农高校的优势，通过多种方式，对务农、务工、回村创业的人员进行"菜单式"的教育与培训活动。向社会公开职业教育的人才培养技术与就业方向，构建优先针对贫困村民开发的职业教育的"培训包"，各项专业由村民自主选择，真正实现"按需施教"的理念。此外，还可以联合涉农机构，选择技术过硬的骨干力量，组建"科技小组"，在职业院校开展流动讲堂，深入田间，现场讲解、现场交流，让村民"一听就懂、一学就会"。通过系列工作扩大培训范围，提升教育培训的效果，① 同时为贫困地区的脱贫攻坚创造良好的学习氛围。

2）创新高等职业教育模式，全面实施"精准化培养"。高等职业教育既要向学生授之以"鱼"，还要向学生授之以"渔"，只有确保高等职业教育学生能够真正在社会立足，学生才能够创造出更大的经济效益，也才能更好地解决自身家庭的贫困问题。因此，高等职业教育学校要不断创新改革自身的办学模式，优化高职人才的培养，深入探索"3＋2"应用型本科人才培养试点，为高职学生提升学历、多元化发展创造良好条件。当然，加强实用技术培训是高等职业教育的一大优势，各高等职业院校应将之发扬光大，不断强化校企合作，大力培养双师型教师，构建完善的实践制度，以全面提高学生的综合素质和实践能力。②

3）以就业为导向，全面实施"精准化就业"。获得好的就业岗位是解决贫困家庭经济问题的有效手段。近年来，随着我国进一步加大教育改革力度，各高校经过扩招，普通高校毕业生人数快速增加，然而社会提供的就业岗位数量不是无限的，它受到经济发展状况等各种因素的制约，高职院校毕业生与普通高校毕业生就业竞争更加明显。

---

① 刘瑛. 关于职业教育精准扶贫策略探讨［J］. 农家参谋，2018（4）：49.
② 于晶. 高等职业教育精准扶贫问题的若干思考［J］. 教育现代化，2018（5）：249－251.

因此，要加大高职院校就业创业教育工作的力度，进一步提高学生的思想认识，培养高职学生的创业精神，帮助学生准确定位自身职业发展路径，根据自己的实际情况合理地选择就业或创业，充分发挥自身优势，并最终实现脱贫目标。

4）调整中职学校专业结构。落实学校的办学自主权和课程设置权，根据本地产业发展情况灵活调整设置相关专业。另外，从社会、行业、企业聘任"双师型"兼职教师，多途径招考补充加强师资队伍。及时调整高职学校专业，与省外高职学校联合培养中高职专业类师资。①

5）切实加强贫困地区职业教育教师队伍建设。当前要突出解决好中职专业类师资不足的问题，要重点挖掘内在资源潜力，激发内生动力；对接当地产业需求，以高职学院为主体，中高职衔接，定向培养技能型人才；要针对贫困地区社会经济发展需要，以中职学校为主体，明确人才培养的内容与重点。② 落实和扩大职业院校办学自主权，处理好政府与职业院校的关系，在考试招生、学科专业设置、教育教学、人才选聘、科学研究、经费管理、国际交流合作等 7 个方面给予学校更多的自主发展空间，从而进一步提升职业院校的治理能力。加强贫困地区职业院校师资队伍建设，优化师资队伍在职称、学历、学位、年龄、双师型、专兼职等方面的结构比例，确保生师比、具有研究生学位教师比例、具有高级职称教师比例、"双师型"教师比例等基本办学条件指标达到规定要求。提高职业院校教师待遇，落实职业院校教师工资标准的相关政策，增强职业院校教师职业的吸引力。建立向教学一线、基层组织、艰苦岗位倾斜的收入分配机制和激励机制，鼓励教师扎根一线、扎根基层、扎根贫困地区。关心贫困地区职业院校教师健康，重点帮助解决好体检和大病救助等困难。③

① 孟凡华，任志楠. 教育拔穷根，职教先冲刺——职业教育精准扶贫的贵州实践 [J]. 职业技术教育，2016（12）：18–19.

② 唐智彬，刘青. "精准扶贫"与发展定向农村职业教育——基于湖南武陵山片区的思考 [J]. 教育发展研究，2016（7）：79–83.

③ 郭广军，邵瑛，邓彬彬. 加快推进职业教育精准扶贫脱贫对策研究 [J]. 教育与职业，2017（10）：5–9.

（3）推进职业教育制度改革。

1）推进招生制度改革。职业院校招生对象要向贫困地区倾斜、向贫困家庭倾斜，以增加贫困家庭孩子进入职业院校学习的机会。职业院校的教育成本与普通教育相比更低、就业的可能性更大，更适合贫困家庭的经济承受能力和学生的学业成绩实际[1]。确保中、高职业院校良好衔接，加大高职院校单独招生、注册入学的比重，同时，对贫困学生采用专门划线、录取的方式，提高升学率。[2] 全面实施"精准化招生"，即全面普及高中阶段教育，扩大中职教育招生的范围、学生年龄范围等；全面了解中职教育学生的家庭状况、兴趣爱好等，为其提供良好的学习指导，夯实中职生的学习基础，为其接受高等职业教育打下良好基础；加大高职院校的招生力度，在录取、教育投资等方面给予贫困家庭学生以特殊倾斜，并为其创造良好的学习条件，确保学生能够掌握实用技能，能够有机会通过接受职业教育改变贫穷现状。[3]

2）完善资助政策。现阶段，我国已经为贫困学生建立了"奖、助、贷、勤、补、免"的职业教育资助政策体系，有效地减缓了贫困家庭的就学压力。但依然有必要进一步加强职业教育的资助工作，尤其是对建档立卡贫困家庭的学生，免除所有中职教育的学杂费，并依据当地情况发放不低于每年两千元的助学金；对高职教育的学生减免学费，并优先安排就业岗位。[4] 为贫困学生提供学生助教、见习岗位，这样既可锻炼和提高贫困学生的社会适应和交往能力，又可减轻贫困家庭的经济压力，以确保贫困家庭的学生真正能够安心学习。[5] 全面实施"精准化资助"，政府有关部门还应进一步加大工作力度，建立贫困家庭学生档案，基于农村贫困学生家庭的实际情况出台相应的补充政策，逐步完善职业教育学生资助体系。此外，还可以对区域内的贫困学生家庭情况进行摸底调

---

① 朱爱国，李宁. 职业教育精准扶贫策略探究［J］. 职教论坛，2016（1）：16 – 20.

② 刘瑛. 关于职业教育精准扶贫策略探讨［J］. 农家参谋，2018（4）：49.

③ 于晶. 高等职业教育精准扶贫问题的若干思考［J］. 教育现代化，2018（5）：249 – 251.

④ 同②.

⑤ 黄进丽. 少数民族地区职业教育服务精准扶贫的路径选择［J］. 职教论坛，2017（23）：85 – 88.

查，根据当地经济收入状况给予贫困学生家庭适当的经济困难补助，以缓解贫困家庭经济问题和学生就学的压力。①

（4）推动形成多方联动、协同有序的职业教育扶贫运作格局。

1）多元主体共同承担责任。精准扶贫是一项系统工程，职教扶贫不能靠职业院校单打独斗，需要政府、企业和职业院校三方联合才会收到最好的扶贫效果。鼓励政府部门、职业院校、行业组织、企业机构、社会团体和个人等多方力量主动参与到职业教育扶贫工作中，并形成利益共享、责任共担的协作关系，是当前及未来一段时期的工作目标和努力方向。政府应充分动员、鼓励引导各行动主体以多种形式参与职业教育扶贫，着手进行放、管、服改革，改变政令式扶贫模式，为社会各方积极参与并充分发挥主体作用营造良好环境。积极探索"混合所有制"的农村职业教育办学模式，尝试以产权多元化实现不同主体的资源联合、优势互补，推动和保障农村职业教育扶贫工作的深入开展。建立"三联二扶一培养"职教扶贫模式，即政府、企业和职业院校三方联合开展针对贫困地区贫困人口的扶志扶智工作，培养脱贫致富带头人。政府、企业和职业院校三方联合开展精神扶贫是根除贫困的有效路径。以扶志为主开展精神扶贫是基础，以扶智为主培养致富带头人是关键。培养致富带头人并扶持致富带头人走上富裕之路，然后充分发挥致富带头人的影响力，通过致富带头人带动贫困地区和贫困村的贫困人口致富脱贫。②

2）完善监督评估机制。为加强职业教育扶贫过程管理，全面、客观、公正、精准评估扶贫成效，应建立多方参与的实时监督机制和基于第三方的全面评估机制。在职业教育管理部门设立主要由第三方机构和个人组成的专门的职业教育扶贫监管机构，建立信息实时公开制度，确保有关部门和社会各界都能实时监督项目的进展、成效及资金使用情况。组建独立的第三方评估机构，保证专业性、权威性和公众

① 于晶. 高等职业教育精准扶贫问题的若干思考［J］. 教育现代化，2018（5）：249 - 251.

② 刘幸福. 基于精准扶贫的"三联二扶一培养"职教扶贫模式——精准扶贫视野下职业教育扶贫模式探研［J］. 中国市场，2019（6）：173 - 174.

参与度，规范评价标准的制定、评价的实施和评价结果的运用，推动评价模式的常态化、科学化。构建精准对接扶贫对象的评估体系，深度评估贫困对象的真实诉求是否得到解决。①

（5）加大政策保障力度。进一步完善职业教育与培训扶贫政策体系，加大组织领导、人才支持、技术服务和经费投入等方面的政策保障力度。加强各级政府在职业教育与培训、创设职业教育精准扶贫舆论环境方面的组织领导，明确职责分工和目标任务，整合并加强驻乡镇村专职扶贫工作队的力量，开展培训、指导和服务，加强先进实用技术的推广运用工作。同时，加大对职业教育与培训扶贫经费投入的政策支持，对针对性和实用性强、效果好的职业教育与培训扶贫项目设立专项资金，并加强资金使用的绩效考核管理。对贫困地区职业教育与培训扶贫发展难题进行集中"会诊"，通过"一县一策""一镇一品""一村一案""一户一方"实现精准帮扶、精准施策，并加大专项督查力度，引导贫困地区财政加大"发展教育，脱贫一批"的资金投入比重，切实增强贫困县职业教育与培训事业发展内生动力，提高职业教育与培训扶贫对脱贫攻坚工作的贡献度。②

（6）加大对贫困地区职业教育扶贫的宣传力度，充分发挥扶贫对象的主动性和积极性。弘扬自力更生、学以致用的精神，激发职业教育培训助力扶贫发展的内生动力。一是积极宣传职业教育培训的各项政策，鼓励贫困地区学生和广大社会青年接受职业教育与培训，努力实现"职教一人，致富一家"。通过职业教育培训宣传营造良好的扶贫开发氛围，确保扶贫对象没有旁观者、没有扶懒者、没有等靠要者。二是尊重职业教育培训对象的主体地位，重视发挥职业教育培训扶贫对象的首创精神和责任担当。由村支部和村委会牵头组织成立专业合作社，集中适当的扶贫资金和技术人员实施行业扶助计划。由合作社牵头，根据贫困户的具体家庭情况提供帮扶的建议和方案。合作社与

---

① 谢盈盈. 新时代职业教育扶贫的价值取向、挑战及展望［J］. 当代职业教育，2019（1）：70－74.

② 郭广军，邵瑛，邓彬彬. 加快推进职业教育精准扶贫脱贫对策研究［J］. 教育与职业，2017（10）：5－9.

贫困户签订合作协议，由合作社提供所需资金和技术，所产生的效益归贫困户所有并归还合作社所投的资金，双方按约定的比例承担风险，增加双方的责任意识，确保扶贫工作计划的顺利、有序进行。①

三、研究思路与方法

（一）研究思路

本书对"三区三州"深度贫困地区教育扶贫进行研究，旨在系统梳理"三区三州"深度贫困地区教育扶贫的经验、成绩、困难和不足，并在此基础上，为探究建立"三区三州"深度贫困地区教育扶贫的长效机制，提出相应的改进思路与对策。研究内容框架如图3所示。

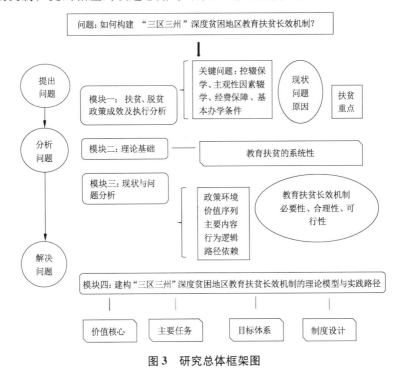

图3 研究总体框架图

① 郭广军，邵瑛，邓彬彬. 加快推进职业教育精准扶贫脱贫对策研究［J］. 教育与职业，2017（10）：5-9.

本书聚焦"三区三州"深度贫困地区教育扶贫的重点领域，包括学前教育阶段、义务教育阶段、职业教育。学前教育阶段、义务教育阶段是教育脱贫攻坚的基础环节，是人才培养累积效应的前期储备。职业教育由于人才直接转化为生产力的特点，对于教育扶贫具有更加直接的作用。故重点关注上述三个领域。

（二）研究方法

实地调研。对"三区三州"深度贫困地区教育扶贫实际情况进行了全面调研。调研地点覆盖南疆四地州、西藏、四省藏区、临夏州、凉山州等。

访谈法。在调研过程中，与教育行政部门和政府相关部门有关人员、学校校长、教师、家长、学生、村民进行访谈，通过结构性访谈提纲，重点了解教育扶贫政策执行中存在的困难与问题；了解不同利益群体对教育扶贫关心的问题、需要的政策扶持；了解教育扶贫机制所依存的政策环境影响因素的特殊性等。

文献研究法。阅读和实践都是获取知识的重要来源。本书作者通过对大量文献的检索和阅读，认真梳理了十八大以来教育扶贫各项政策，全面了解了国内关于教育扶贫的最新研究状况。

案例分析法。笔者根据近几年开展教育扶贫工作的实践，选择了一些具有典型性、代表性的实际案例进行研究，希望在总结教育扶贫工作经验的同时，也能丰富并发展现有理论研究的成果，对教育扶贫工作的进一步推进有所裨益。

四、研究意义与主要创新

目前，学术界围绕"三区三州"深度贫困地区教育精准扶贫的内涵、意义、路径选择、实践模式、实施困境、扶贫成效及对策建议等方面展开了较为深入的研究，已有研究成果富有价值且充满启发性。本书的重点是对"三区三州"深度贫困地区教育扶贫进行系统性的研究。

第一，构建"三区三州"深度贫困地区教育扶贫长效机制，对于补充、深化反贫困理论体系具有重要意义。关于反贫困理论，经历了"散点扶贫—集中扶贫—精准扶贫—精准脱贫"的理论探索。"三区三州"具有发展水平低、致贫因素多、脱贫难度大等突出特点，是教育脱贫的重点地区，在实现脱贫后的一个较长时期内依然面临返贫的可能性。因此，扶贫理论需要不断创新和完善，教育扶贫长效机制的构建是对教育扶贫可持续发展，是对精准脱贫长效机制的理论创新。

第二，立足于"三区三州"深度贫困地区教育脱贫的实际困难与问题，提出巩固脱贫成效的理论构想与制度安排，对于推动我国教育脱贫事业"真脱贫、脱真贫"具有重要的现实意义。2020年是我国教育精准脱贫的最后时间节点，但在实践中，始终存在相对贫困的地区，"三区三州"深度贫困地区在实现教育精准脱贫后，仍会以相对贫困的形式存在，从这个意义上讲，构建防返贫机制，是在实践中帮助重点地区实现脱贫攻坚成果可持续、脱贫后不返贫的重要途径。

（一）关注"三区三州"这一薄弱地带

本书以"三区三州"贫困地区作为研究对象，抓住了教育扶贫最为薄弱的地带。同时，以"系统性"作为教育扶贫长效机制的核心概念，抓住了"三区三州"贫困地区教育扶贫的核心问题。

（二）抓住教育脱贫最重要的问题

本书关注"三区三州"深度贫困地区教育脱贫的真实成效与成果巩固的真实困难，通过对教育扶贫长效机制的研究，推进"三区三州"深度贫困地区教育脱贫成果巩固，促进"三区三州"深度贫困地区教育治理模式的改进，并迎来新的发展。

（三）建构教育扶贫长效机制的理论框架与实践路径

本书将以"系统性"的理念为核心价值引领，对"三区三州"深度贫困地区教育扶贫机制做出系统建构。尝试将国家扶贫政策、民族政策、民族教育政策的指导原则，运用到"三区三州"深度贫困地区教育扶贫的研究中，并力图对理论框架与实践路径有所建构。

第二章

"三区三州"深度贫困县教育扶贫的政策思路与教育扶贫系统模型

一、十八大以来教育扶贫政策的内容与特征[①]

教育扶贫是从教育培养人的属性出发，通过发挥教育的育人功能，改变贫困人口的知识结构、思想状态、思维方式、科学人文素养、精神面貌，从而使他们获得摆脱贫困的能力，是对教育社会功能的期待，是对教育事业服务社会能力的检验。习近平总书记在十九大报告中指出"建设教育强国是中华民族伟大复兴的基础工程，必须把教育事业放在优先位置"，并指明教育对于扶贫事业的作用，"注重扶贫同扶志、扶智相结合"。[②] 可见，教育扶贫机制的核心是教育的属性与培养人的本体功能，是教育的本体价值即教育的价值理性。教育扶贫的实现路径是教育产出服务于社会经济的过程，依靠教育实现"扶志""扶智"，使教育对象与工作岗位完美衔接，完成知识、技能等成果向现实

---

① 李芳. 教育扶贫：价值理性与工具理性融合的实践逻辑——以"三区三州"深度贫困地区为例 [J]. 教育文化论坛，2020（5）：57－63.

② 习近平. 决胜全面建成小康社会，夺取新时代中国特色社会主义伟大胜利 [M]. 北京：人民出版社，2017：45－48.

生产力的转化。教育的中介性特点及以教育为手段服务社会经济的工具性功能就是教育的工具理性。面对贫困地区，尤其是"三区三州"深度贫困地区最后一公里的教育扶贫形势，如何准确理解教育扶贫与扶教育之贫的关系，如何看待教育扶贫的价值理性与工具理性，如何形成"三区三州"深度贫困地区教育脱贫的有效实践路径，教育扶贫政策的创新是非常重要的。

（一）十八大以来教育扶贫政策梳理

1. 习近平总书记讲话中的教育扶贫部署

党的十八大以来，习近平总书记站在决战决胜脱贫攻坚、全面建成小康社会、实现中华民族伟大复兴中国梦的战略高度，提出一系列新理念、新思想、新战略，做出重要决策部署。总书记关注教育扶贫工作，在讲话中多次做出相关指示。

（1）把教育扶贫放在扶贫开发中的重要位置，强调促进教育公平。指出要加强对贫困地区教育发展的支持，让贫困地区的孩子都能接受公平的有质量的教育，推进教育精准脱贫。总书记强调："治贫先治愚。要把下一代的教育工作做好，特别是要注重山区贫困地区下一代的成长。"[1] "把贫困地区孩子培养出来，这才是根本的扶贫之策。"[2] "抓好教育是扶贫开发的根本大计，要让贫困家庭的孩子都能接受公平的有质量的教育。"[3] "扶贫必扶智。让贫困地区的孩子们接受良好教育，是扶贫开发的重要任务，也是阻断贫困代际传递的重要途径。"[4] 在强调教育扶贫重要性的同时，总书记还指出要促进教育公平，特别是要加大对"老少边穷"地区的支持，优化教育资源配置，推进教育精准脱贫："教育公平是社会公平的重要基础，要不断促进教育发展成

---

[1] 习近平. 在河北省阜平县考察扶贫开发工作时的讲话（2012年12月29日、30日）[Z]. 做焦裕禄式的县委书记 [M]. 北京：中央文献出版社，2015：24.

[2] 同①.

[3] 习近平. 在中央经济工作会议上的讲话（2014年12月9日）[Z]. 习近平扶贫论述摘编 [M]. 北京：中央文献出版社，2018：133.

[4] 习近平. 给"国培计划（二〇一四）"北师大贵州研修班参训教师的回信（2015年9月9日）[N]. 人民日报，2015-9-10.

果更多更公平惠及全体人民，以教育公平促进社会公平正义。"① "要优化教育资源配置，逐步缩小区域、城乡、校际差距，特别是要加大对革命老区、民族地区、边远地区、贫困地区基础教育的投入力度。保障贫困地区办学经费，健全家庭困难学生资助体系。要推进教育精准脱贫，重点帮助贫困人口子女接受教育，阻断贫困代际传递，让每一个孩子都对自己有信心、对未来有希望。"②

（2）指出要抓好基础教育。基础教育是孩子接受教育的起点，是重要的人生阶段，是为孩子的成长成才奠基。总书记在讲话中多次强调基础教育的重要性，指出要抓好基础教育。"义务教育一定要搞好，让孩子们受到好的教育，不要让孩子们输在起跑线上。"③ "要加强对基础教育的支持力度，办好学前教育，均衡发展九年义务教育，基本普及高中阶段教育。"④

（3）强调要搞好职业教育，让贫困地区的孩子有一技之长。总书记重视职业教育带动就业的作用，指出要通过职业教育、职业技能培训提高就业能力，推动贫困人口就业，带动家庭、地区脱贫。"要让贫困家庭的孩子都能接受公平的有质量的教育，起码学会一项有用的技能，不要让孩子输在起跑线上，尽力阻断贫困代际传递。"⑤ "要加强老区贫困人口职业技能培训，授之以渔，使他们都能掌握一项就业本领。"⑥ "要帮助贫困地区群众提高身体素质、文化素质、就业能力，努力阻止因病致贫、因病返贫，打开孩子们通过学习成长、青壮

① 习近平. 在北京市八一学校考察时的讲话（2016 年 9 月 9 日）［N］. 人民日报，2016 - 9 - 10.

② 同①.

③ 习近平. 在河北省阜平县考察扶贫开发工作时的讲话（2012 年 12 月 29 日、30 日）［Z］. 做焦裕禄式的县委书记［M］. 北京：中央文献出版社，2015：24.

④ 同①.

⑤ 习近平. 在中央经济工作会议上的讲话（2014 年 12 月 9 日）［Z］. 习近平扶贫论述摘编［M］. 北京：中央文献出版社，2018：133.

⑥ 习近平. 在陕甘宁革命老区脱贫致富座谈会上的讲话（2015 年 2 月 13 日）［Z］. 习近平扶贫论述摘编［M］. 北京：中央文献出版社，2018：133.

年通过多渠道就业改变命运的扎实通道，坚决阻止贫困现象代际传递。"①

（4）指出要搞好东西部教育扶贫协作，提出对口帮扶的多种方式。"东西部扶贫协作和对口支援要在发展经济的基础上，向教育、文化、卫生、科技等领域合作拓展，贯彻'五位一体'总体布局要求。要继续发挥互派干部等方面的好经验、好做法，把东部地区理念、人才、技术、经验等要素传播到西部地区，促进观念互通、思路互动、技术互学、作风互鉴。西部地区要彻底拔掉穷根，必须把教育作为管长远的事业抓好。东部地区要在基础教育、职业教育、高等教育等方面，通过联合办学、设立分校、扩大招生、培训教师等多种方式给予西部地区更多帮助。"②

2. 十八大以来的教育扶贫政策

2013 年 7 月，教育部、发展改革委、财政部、扶贫办、人力资源社会保障部、公安部、农业部等七部门联合发布《关于实施教育扶贫工程的意见》（以下简称《意见》）。《意见》决定在《中国农村扶贫开发纲要（2011—2020 年）》所确定的连片特困扶贫攻坚地区实施教育扶贫工程，并提出教育扶贫总体目标。党的十八大提出的基本公共服务均等化总体实现和进入人力资源强国行列的目标，加快教育发展和人力资源开发，到 2020 年使片区基本公共教育服务水平接近全国平均水平，教育对促进片区人民群众脱贫致富、扩大中等收入群体、促进区域经济社会发展和生态文明建设的作用得到充分发挥。

《意见》对教育扶贫工程中的各级各类教育分别给定了目标，如表 1所示。

① 习近平. 在参加十二届全国人大三次会议广西代表团审议时的讲话（2015 年 3 月 8 日）［N］. 人民日报，2015 - 3 - 9.

② 习近平. 在东西部扶贫协作座谈会上的讲话（2016 年 7 月 20 日）［Z］. 习近平扶贫论述摘编［M］. 北京：中央文献出版社，2018：137.

表 1　《意见》对教育扶贫工程中各级各类教育给定的目标

基础教育	提高基础教育的普及程度和办学质量。到 2015 年,学前三年毛入园率达到 55% 以上,少数民族双语地区基本普及学前一至两年双语教育,义务教育巩固率达到 90% 以上,高中阶段毛入学率达到 80% 以上,视力、听力、智力三类残疾儿童义务教育入学率达到 80%。到 2020 年,基本普及学前教育,义务教育水平进一步提高,基本普及视力、听力、智力三类残疾儿童义务教育,普及高中阶段教育,基础教育普及程度和办学质量有较大提升。
职业教育	提高职业教育促进脱贫致富的能力。到 2015 年,初、高中毕业后新成长劳动力都能接受适应就业需求的职业教育和职业培训,力争使有培训需求的劳动者都能得到职业技能培训。到 2020 年,职业教育体系更加完善,教育培训就业衔接更加紧密,培养一大批新型农民和在二、三产业就业的技术技能人才。
高等教育	提高高等教育服务区域经济社会发展能力。通过调整优化高等学校空间布局和学科专业结构,改革人才培养模式,促进高等教育与当地经济、社会、科技发展和城镇化建设深度融合,使高等教育能为当地传统产业改造升级、新兴产业培育发展和基本公共服务提供有效的人才支撑和智力支持。通过多种途径,增加片区群众接受高等教育的机会。
继续教育	提高继续教育服务劳动者就业创业的能力。通过教育培训与当地公共服务、特色优势产业有效对接,大力提高就业创业水平。完善毕业生和接受培训人员的就业服务政策,通过带技能转移、带技能进城、带技能就业,使转移劳动力在城镇多渠道、多形式、稳定就业。

从上述目标出发,《意见》阐明了教育扶贫工程中加强各级各类教育的主要任务,涵盖基础教育、职业教育、高等教育、学生资助、教育信息化 5 个方面,并提出经费保障、学生就业、对口支援、人才引进 4 项保障措施。《意见》作为教育扶贫工程的统领指导性文件,明确提出了教育扶贫的总体目标、重点领域,做出了具体的任务安排。

2015 年 11 月 29 日,《中共中央、国务院关于打赢脱贫攻坚战的决定》(以下简称《决定》)出台,就打赢脱贫攻坚战提出相关要求。《决定》强调,要加快实施教育扶贫工程,让贫困家庭子女都能接受公平有质量的教育,阻断贫困代际传递。在"着力加强教育脱贫"这一章节对促进贫困地区学前教育、义务教育、高中阶段教育、特殊教育、高等教育等各类教育的发展提出了具体要求(见表 2),从教育经费、营养改善、教师队伍建设、办学条件、远程教育、就业支持、结对帮扶等几方面提出了改善计划(见表 3)。"重点支持革命老区、民族地区、边疆地区、连片特困地区脱贫攻坚"这一章节提出对边疆民族地区教育加大支援力度,根据民族地区的实际情况积极发展教育。

表 2　对促进贫困地区各类教育的发展提出的具体要求

学前教育	健全学前教育资助制度，帮助农村贫困家庭幼儿接受学前教育。
义务教育	稳步推进贫困地区农村义务教育阶段学生营养改善计划。 合理布局贫困地区农村中小学校，改善基本办学条件，加快标准化建设，加强寄宿制学校建设，提高义务教育巩固率。
高中阶段教育	普及高中阶段教育，率先对建档立卡的家庭经济困难学生实施普通高中免除学杂费、中等职业教育免除学杂费，让未升入普通高中的初中毕业生都能接受中等职业教育。加强有专业特色并适应市场需求的中等职业学校建设，提高中等职业教育国家助学金资助标准。 积极发展符合民族地区实际的职业教育。
特殊教育	努力办好贫困地区特殊教育和远程教育。
高等教育	建立保障农村和贫困地区学生上重点高校的长效机制，加大对贫困家庭大学生的救助力度。

表 3　从不同方面提出的改善计划

教育经费	国家教育经费向贫困地区、基础教育倾斜。
营养改善	稳步推进贫困地区农村义务教育阶段学生营养改善计划。
教师队伍建设	加大对乡村教师队伍建设的支持力度，特岗计划、国培计划向贫困地区基层倾斜，为贫困地区乡村学校定向培养留得下、稳得住的一专多能教师，制订符合基层实际的教师招聘引进办法，建立省级统筹乡村教师补充机制，推动城乡教师合理流动和对口支援。全面落实连片特困地区乡村教师生活补助政策，建立乡村教师荣誉制度。 加强民族地区师资培训。
办学条件	合理布局贫困地区农村中小学校，改善基本办学条件，加快标准化建设，加强寄宿制学校建设，提高义务教育巩固率。 改善边疆民族地区义务教育阶段基本办学条件。
远程教育	努力办好贫困地区特殊教育和远程教育。
就业支持	对贫困家庭离校未就业的高校毕业生提供就业支持。
结对帮扶	实施教育扶贫结对帮扶行动计划。 加大教育对口支援力度。
边疆民族地区	重点支持革命老区、民族地区、边疆地区、连片特困地区脱贫攻坚。改善边疆民族地区义务教育阶段基本办学条件，建立健全双语教学体系，加大教育对口支援力度，积极发展符合民族地区实际的职业教育，加强民族地区师资培训。

2016 年 11 月，国务院印发"十三五"脱贫攻坚规划，阐明"十三五"时期国家脱贫攻坚总体思路、基本目标、主要任务和重大举措。规划范围包括 14 个集中连片特困地区的片区县、片区外国家扶贫开发工作重点县，以及建档立卡贫困村和建档立卡贫困户。其中单列"教育扶贫"一章，指出要"以提高贫困人口基本文化素质和贫困家庭劳动力技能为抓手，瞄准教育最薄弱领域，阻断贫困的代际传递"。将教育扶贫的阶段性目标阐述为："到 2020 年，贫困地区基础教育能力明显增强，职业教育体系更加完善，高等教育服务能力明显提升，教育总体质量显著提高，基本公共教育服务水平接近全国平均水平。"规划指出了"十三五"时期教育扶贫的重点，包括提升基础教育水平、降低贫困家庭就学负担、加快发展职业教育、提高高等教育服务能力等 4 个方面，具体要求涉及学前教育、义务教育、高中阶段教育、特殊教育、高等教育等各级各类教育，改善办学条件、建设乡村教师队伍、推进营养改善计划等多种手段方法。

2017 年 9 月 25 日，中共中央办公厅、国务院办公厅印发《关于支持深度贫困地区脱贫攻坚的实施意见》，将西藏、四省藏区、南疆四地州和四川凉山州、云南怒江州、甘肃临夏州合称为"三区三州"，指出这些地区自然条件差、经济基础弱、贫困程度深，脱贫攻坚任务依然十分艰巨。提出新增脱贫攻坚资金、新增脱贫攻坚项目、新增脱贫攻坚举措主要用于深度贫困地区，国家重点支持"三区三州"。文件指出要加大教育扶贫力度，中央相关教育转移支付存量资金优先保障、增量资金更多用于深度贫困地区教育发展和建档立卡贫困家庭子女受教育的需要。完善深度贫困地区控辍保学工作机制，防止适龄儿童少年失学辍学。为就读职业学校的深度贫困地区贫困家庭学生，开辟招生绿色通道，优先招生，优先选择专业，优先安排在校企合作程度较深的订单定向培训班或企业冠名班，优先落实助学政策，优先安排实习，优先推荐就业。

2018 年 1 月，根据《中共中央办公厅、国务院办公厅关于支持深度贫困地区脱贫攻坚的实施意见》要求，教育部、国务院扶贫办联合印发《深度贫困地区教育脱贫攻坚实施方案（2018—2020 年)》（以下简称《方案》），提出：进一步聚焦深度贫困地区教育扶贫，用三年时间集中攻坚，确保深度贫困地区如期完成"发展教育脱贫一批"任务。《方案》对稳步提升"三区三州"教育基本公共服务水平做出了具体要求，包括保障义务教育、发展学前教育、普及高中阶段教育、加快发展职业教育、加强乡村教师队伍建设、实施好"三区三州"现有免费教育政策、确保建档立卡贫困学生资助全覆盖、加大少数民族优秀人才培养力度等8个方面（见表4），并提出要多渠道加大"三区三州"教育扶贫投入，发挥政府投入的主体和主导作用、发挥金融资金的引导和协同作用、集聚"三区三州"教育对口支援力量。

表4　稳步提升"三区三州"教育基本公共服务水平的具体要求

保障义务教育	统筹推进县域内城乡义务教育一体化改革发展，着力解决"三区三州"义务教育"乡村弱、城镇挤"问题。优化学校布局，强化义务教育投入，加大对"三区三州"倾斜支持力度。全面改善贫困地区义务教育薄弱学校基本办学条件工作优先支持"三区三州"，确保所有义务教育学校如期达到"20条底线要求"。加强"三区三州"乡村小规模学校和乡镇寄宿制学校的建设和管理，提高农村教育质量。继续实施农村义务教育学生营养改善计划，不断扩大地方试点范围。落实《国务院办公厅关于进一步加强义务教育控辍保学提高巩固水平的通知》，完善控辍保学工作机制，因地因人施策，对贫困家庭子女、留守儿童、残疾儿童等特殊困难儿童接受义务教育实施全过程帮扶和管理，防止适龄儿童少年失学辍学。
发展学前教育	省级统筹学前教育资金向"三区三州"倾斜，实施好第三期学前教育行动计划。鼓励在"三区三州"实施"幼有所育"计划，大力发展公办园，支持每个乡镇至少办好一所公办中心幼儿园，大村独立建园，小村联合办园或设分园，完善农村学前教育服务网络，帮助农村贫困家庭幼儿就近接受学前教育，解放农村劳动力。采取多种方式鼓励普惠性民办幼儿园招收建档立卡贫困学生。落实幼儿园教职工配备标准，配足配齐幼儿园教职工，加大对农村幼儿园教师特别是小学转岗教师的培训力度。
普及高中阶段教育	深入实施《高中阶段教育普及攻坚计划（2017—2020年）》，把"三区三州"尚未普及高中阶段教育的地区作为攻坚的重中之重。教育基础薄弱县普通高中建设项目、普通高中改造计划、现代职业教育质量提升计划、职业教育产教融合工程等优先支持"三区三州"扩大教育资源，改善办学条件，保障建档立卡贫困家庭学生接受高中阶段教育的机会。推动基本消除普通高中大班额现象，减少超大规模学校。各地要完善财政投入机制，加大投入力度，建立完善普通高中生均拨款制度和中等职业学校生均拨款制度，积极化解"三区三州"普通高中债务，制定债务偿还计划。

加快发展职业教育	省级统筹职业教育资金，支持"三区三州"每个地级市（州、盟）建设好一所中等职业学校。在"三区三州"率先实施职业教育东西协作行动计划，建立工作协调机制和管理平台，全面落实东西职业院校协作全覆盖行动、东西协作中职招生兜底行动、职业院校参与东西劳务协作等三大任务。为就读职业学校的"三区三州"贫困家庭学生，开辟招生绿色通道，优先招生，优先选择专业，优先安排在校企合作程度较深的订单定向培训班或企业冠名班，优先落实助学政策，优先安排实习，优先推荐就业。广泛开展公益性职业技能培训，实现脱贫举措与技能培训的精准对接。
加强乡村教师队伍建设	深入实施乡村教师支持计划，继续加大国培计划、特岗计划、公费师范生培养、中小学教师信息技术应用能力提升工程等政策对"三区三州"的支持力度，资助教师开展学历继续教育能力提升，提高教师整体素质和能力水平。落实好连片特困地区乡村教师生活补助政策，指导"三区三州"所在省份用好中央奖补政策，逐步提高补助标准，自主扩大实施范围，稳定和吸引优秀人才长期在乡村学校任教。加大边远贫困地区、边疆民族地区和革命老区人才支持计划教师专项计划倾斜力度，优先向"三区三州"选派急需的优秀支教教师，缓解"三区三州"师资紧缺、优秀教师不足的矛盾，提高当地学校教育教学水平。
实施好"三区三州"现有免费教育政策	全面落实西藏教育"三包"政策，支持新疆南疆四地州14年免费教育政策。各相关省份要按照"尽力而为、量力而行"的原则，审慎开展四省藏区及三州的免费教育政策。推广民族地区"9＋3"免费教育计划。
确保建档立卡贫困学生资助全覆盖	学前教育按照"地方先行、中央补助"的原则，建立并实施学前教育资助政策，义务教育实施"两免一补"政策，中等职业教育实施免学费和国家助学金政策，普通高中免除建档立卡等家庭经济困难学生学杂费并实施国家助学金政策，高等教育及研究生教育实施"奖助贷勤补免"及入学绿色通道等"多元混合"的资助方式，务必保障"三区三州"建档立卡贫困家庭学生享受学生资助政策。对通过职业教育东西协作到东部地区省（市）接受中职教育的建档立卡贫困家庭学生，西部地区省（市）从财政扶贫资金中按照每生每年3000元左右的标准给予资助，东部地区省（市）从东西扶贫协作财政援助资金中按照不少于每生每年1000元的标准给予资助，用于学生的交通、住宿、课本教材、服装等方面费用。
加大少数民族优秀人才培养力度	继续实施内地西藏班、新疆班、少数民族预科班、少数民族高层次骨干人才培养计划，招生计划向"三区三州"倾斜。实施好在普通高校招生录取中南疆各民族实行同等教育优惠政策，面向南疆单列部分招生计划。实施定向西藏、新疆公共管理人才培养工作。

2018 年 6 月，《中共中央、国务院关于打赢脱贫攻坚战三年行动的指导意见》（以下简称《指导意见》）出台，强调集中力量支持深度贫困地区脱贫攻坚，着力改善深度贫困地区发展条件、着力解决深度贫困地区群众特殊困难、着力加大深度贫困地区政策倾斜力度。《指导意见》提出，要着力实施教育脱贫攻坚行动，以保障义务教育为核心，全面落实教育扶贫政策，进一步降低贫困地区特别是深度贫困地区、民族地区义务教育辍学率，稳步提升贫困地区义务教育质量。此外，文件针对精准控辍、义务教育薄弱学校改造、乡镇寄宿制学校和乡村小规模学校建设、农村义务教育学生营养改善计划、教育信息化 2.0 行动计划、教师队伍建设、资助政策体系、推广普及国家通用语言文字等工作提出了指导意见。

3. 十八大以来教育扶贫的政策思路

党和国家高度重视教育事业发展。习近平总书记在党的十九大、全国教育大会上提出关于"办好人民满意的教育"的目标要求，党中央国务院把发展教育作为打赢脱贫攻坚战战略部署的重要部分。民族教育是我国教育事业的重要组成部分，是符合我国国情的、具有鲜明特色的教育体系。70 年来，民族教育经历了从无到有、从扩面到提质的发展过程，逐渐实现由人人有学上向人人上好学、由基本教育普及向优质人才培养的转变。但是，民族教育涉及面广线长，受自然条件、经济社会发展、民族历史文化等主客观因素制约，呈现出发展起步晚、底子薄、差异大的特征。在推动教育扶贫、加快民族地区教育发展的过程中，党和国家把教育公平作为重要目标，加强教育公平、办好人民满意的教育成为十八大以来教育扶贫政策的主要思路。

十八大以来的教育扶贫政策体现出鲜明的追求教育公平取向，呈现出三个特征：一是保障平等的受教育权利，受教育者不分民族、性别、地域，人人均有机会享有基本保障的受教育权，努力实现教育起点公平；二是推动教育均衡发展，逐渐扩大优质教育资源的覆盖面，缩小教育发展的区域差距、城乡差距、校际差距、群体差距，追求教育过程公平；三是通过实施优惠倾斜政策，大力提升少数民族和民族地区教育发展水平，在实现教育结果公平的道路上大踏步前进。

建立少数民族人才培养长效机制，保障"人人有学上"。不断促进教育发展成果更公平地惠及各族人民，切实保障各族人民基本的受教育权利，让每一个孩子都有学上，是大力促进教育公平的重要主题，是民族教育公平之路的起点。新中国成立以来，国家逐步建立完善民族教育发展长效工作机制，坚持加强党的领导、坚持教育优先发展、坚持普惠性政策与特殊性政策并举，着力促进公平，推动民族教育健康发展。我国已形成从学前教育到高等教育的少数民族人才培养体系，少数民族接受教育的人数不断增加，少数民族学生在各级各类教育中所占比例不断攀升。截至2017年，全国各级各类学校有少数民族在校学生2910.64万人，占全国在校学生总数的10.73%，比少数民族人口占全国总人口的比例高出两个百分点。① 国家大力推进民族地区普惠性学前教育快速发展，实现学前教育基本公共服务全覆盖，有效缓解了"入园难""入园贵"等问题；着力推进义务教育均衡发展，不断完善学生资助政策体系，大力推进义务教育控辍保学，基本做到不让一个少数民族孩子因贫失学辍学，使民族地区先后实现了基本普及九年义务教育和基本扫除青壮年文盲；先后实施民族地区教育基础薄弱县普通高中建设项目、高中阶段教育普及攻坚计划、高中生均拨款制度等政策，覆盖西藏、新疆、四省藏区及其他集中连片贫困的民族地区，覆盖家庭经济困难学生、残疾学生和进城务工人员随迁子女等特殊群体，目前西藏、四省藏区和南疆四地州等部分民族地区已经实现高中阶段免费教育；通过创办民族高等院校、少数民族高考加分优惠、高层次骨干人才计划、部省合建民族地区高校等政策，扩大民族地区及少数民族接受高等教育的机会。通过设立民族教育专门工作机构、完善民族教育经费保障机制、优先发展边境地区教育事业、实行人口较少民族教育优惠政策、增强教育对口支援实效等手段，不断推进对少数民族受教育权利的保障。

聚焦重点难点提高民族教育质量，迈向"人人上好学"。"十二五"以来尤其是党的十八大以来，是我国民族教育投入最多、成就最

---

① 根据《中国教育年鉴》计算整理。高等学校是指普通高校专科及本科。

显著的时期，也是民族地区基本公共教育服务均等化加速推进的阶段。在这一时期，随着民族教育覆盖面、各级各类教育办学规模的有序扩大，我国民族教育逐步实现了"人人有学上"，教育公平站在全新的起点上。党的十九大和全国教育大会提出"办好人民满意的教育"，不仅要提升教育的体量，更要提升教育的质量。民族教育公平逐渐转变为扩大优质教育资源，提升教育质量，由扩面转向提质，不断向教育过程公平纵深推进，着力推进"人人上好学"。民族教育公平坚持两点论与重点论，在整体推进教育普及、各级各类教育基本保障完善的基础上，坚持问题导向，聚焦重点难点，不断突破制约民族教育质量提升的薄弱环节与关键领域。科学稳妥推行双语教育、提升内地民族班办学水平、提高师资队伍整体质量、深入推进教育精准扶贫脱贫、加快推进民族教育现代化，多管齐下取得成效，民族教育进入大跨步发展时期，教育质量不断提高，教育公平正在得到实现。

（二）扶教育之贫是当前教育扶贫制度设计的主要目标与内容

从国家层面关于教育扶贫的一系列制度安排可见，教育扶贫是价值理性与工具理性的结合体，即：一方面，通过对症下药、补短板、强弱项的方式，扶教育之贫，推动教育事业的发展；另一方面，依靠教育的手段，促进区域脱贫、区域经济社会发展。国家层面的教育扶贫制度安排，将教育扶贫逐渐由概念变为政策措施，并在教育扶贫政策的演变过程中，实现了由"目标"单维度向"目标＋内容"双维度的转变。1984 年出台的《中共中央、国务院关于帮助贫困地区尽快改变面貌的通知》首次明确提出"增加智力投资"；《国家八七扶贫攻坚计划（1994—2000 年）》将"改变教育文化卫生的落后状况"列为扶贫攻坚目标之一，这两份国家级文件是对教育扶贫概念政策化的最早体现，文件中虽未出台有关教育扶贫的措施办法，但体现出将教育扶贫作为目标的鲜明思路。《中国农村扶贫开发纲要（2010—2020 年）》中明确提出了"发展教育文化事业"的若干举措；2013 年出台的《关于实施教育扶贫工程的意见》及 2018 年出台的《深度贫困地区教育脱贫攻坚实施方案（2018—2020 年）》均从"稳步提高教育基本公共服务水平"的角度对各级各类教育发展提出了明确的目标要求和具体的措施做法（详见表5）。这表现出将教育作为扶贫手段和内容的政策思路。

表5 教育扶贫的具体内容措施

文件	学前阶段	义务教育阶段	高中阶段	高等教育阶段	职业教育	教师队伍	综合类
关于实施教育扶贫工程的意见①	加快发展学前教育	切实巩固提高义务教育水平	推动普通高中多样化发展	提高高等教育服务能力	加快发展现代职业教育	鼓励教师到片区从教	提高教育信息化水平、加强双语教育和民族团结教育、提高学生资助水平
深度贫困地区教育脱贫攻坚实施方案（2018—2020年)②	发展学前教育	保障义务教育（"乡村弱、城镇挤"）	普及高中阶段教育	—	加快发展职业教育	加强乡村教师队伍建设	免费教育政策，确保建档立卡贫困学生资助全覆盖，加大少数民族优秀人才培养力度

从"三区三州"深度贫困地区教育扶贫的实践来看，地方教育扶贫制度设计以对症下药为基本思路，以扶教育之贫为主要内容。"两不愁、三保障"是"三区三州"深度贫困地区脱贫攻坚战的主要目标，"义务教育有保障"是教育扶贫的重点。"三区三州"深度贫困地区将辍学率清零、义务教育学校基本办学条件达标等作为教育扶贫的重点内容。例如，各地出台"关于进一步加强控辍保学工作的实施意见""控辍保学工作督查方案"等制度，探索控辍保学"县长—局长—校长—组长"等负责人责任传导机制；上马危房改造、宿舍楼建设等基建项目；推行农村义务教育学生营养改善计划等。可见，针对教育发展的贫困状态，补齐短板、对症下药，扶教育之贫是"三区三州"深度贫困地区教育扶贫的工作目标与重要内容。

---

① 关于实施教育扶贫工程的意见［EB/OL］.（2013-9-12）［2020-2-20］http：//www.cpad.gov.cn/art/2013/9/12/art_50_23748.html.

② 深度贫困地区教育脱贫攻坚实施方案（2018—2020年）［EB/OL］.（2018-2-27）［2020-2-20］https：//baijiahao.baidu.com/s？id=1593549208357402062&wfr=spider&for=pc.

二、教育扶贫的价值理性与工具理性具有内在一致性[①]

由上述现状可知，"三区三州"深度贫困地区处于教育贫困的状态是不争的事实，将扶教育之贫作为教育扶贫的主要目标与内容是价值理性的要求，也是工具理性的前提。毋庸置疑，当"三区三州"深度贫困地区处于教育贫困的状态时，教育促进"三区三州"经济社会发展、文化多样性传承、生态文明建设、社会治理改善等方面的功能难以发挥。因此，扶教育之贫是教育扶贫的初级阶段，依靠教育助力社会脱贫是教育扶贫的高级阶段；教育发展是贯穿教育扶贫的价值理性；教育的中介功能是教育扶贫将教育作为手段的基础，是教育扶贫工具理性的集中表现。从这一过程来看，教育扶贫的价值理性与工具理性并不是孤立存在的，而是相互联系、相互依存的，具有内在一致性。

（一）以"人的发展"为核心发力点

教育扶贫体现在两个维度，一是教育的现世作用，即人才通道的建立，接受教育"扶志""扶智"，使人掌握相应知识和技能、具有获得幸福生活的能力；二是教育的代际作用，即持续不断地改变人的思想，阻断贫困的代际传递。经典贫困理论已从制度、经济、社会、文化、自然环境等不同层面对贫困做出了解释和分析，相应地，反贫困理论也在不断发展，从最初的简单注重物质（资本）的投入逐步向结构转换、非均衡增长转变，并最终朝以人力资本为核心的综合反贫困理论演进[②]。由此，教育扶贫的关键点在于人的脱贫，使人从贫困的状态中解脱出来，成为富裕的人。

教育培养富裕的人，扶教育之贫就是不断提升教育培养人的能力。何为富裕的人？从根本上讲，富裕的人应符合马克思主义"人的全面

[①] 李芳. 教育扶贫：价值理性与工具理性融合的实践逻辑——以"三区三州"深度贫困地区为例 [J]. 教育文化论坛，2020（5）：57－63.

[②] 陈忠文. 山区农村贫困机理及脱贫机制实证研究——一个交易成本视角 [D]. 武汉：华中农业大学，2013：19－24.

自由发展"的特征。全面自由发展是对人的系统性要求，脑力与体力的全面发展①。获得全面发展的人，才能获得物质与精神两个层面的富裕，即思想、文化、精神面貌、经济等多方面的从容不迫。如何成为富裕的人？人的出生、家庭所带来的先赋性经济贫困可以通过精神层面的富裕获得可逆性的改变。个体获得可逆性改变力量的途径就是接受教育。教育通过系统性的学校场域及浸润性的社会场域为个体设立科学的目标、丰富的内容、高效的方法，使个体"德智体美劳"各方面得到适宜而充分的发展，从而获得改变贫困的志向与能力。摆脱了贫困状态的教育能够更好地培养富裕的人，扶教育之贫就是为培养富裕的人提供各种条件。

由此，"人的发展"是扶教育之贫与依靠教育扶贫的共同目标。教育扶贫是以教育为手段，通过教育提高贫困人口素质，其实质是以素质换物质②，促进当地经济文化发展③，斩断贫困代际传递④。扶教育之贫是发挥依靠教育扶贫功能的前提，使教育的育人功能发挥到极致，从而实现以教育为途径助力脱贫。"人"成为教育与扶贫的纽带，"人的发展"成为扶教育之贫、依靠教育扶贫的核心发力点，是价值理性与工具理性的最终目标。

（二）以"思想引领"为重要途径

"思想引领"是教育、教化的特有方法，是培养人的根本途径。较之法律、行政管理等规范方式，教育具有浸润心灵、丰富精神、触动灵魂的独特作用。学校教育系统通过浓厚环境氛围的营造，通过学科课程、实践活动等教育环节，通过专业的教师群体开启"全员、全过程、全方位"育人模式，从态度、情感、价值观等各方面对教育对象

---

① 顾明远. 马克思论个人的全面发展——纪念《资本论》发表150周年 [J]. 教育研究，2017（8）：4-11.

② 林乘东. 教育扶贫论 [J]. 民族研究，1997（3）：43-52.

③ 熊文渊. 高校教育扶贫：问题与路径 [J]. 当代教育科学，2014（23）：43-46.

④ 向雪琪，林曾. 改革开放以来我国教育扶贫的发展趋向 [J]. 中南民族大学学报（人文社会科学版），2018（3）：74-77.

进行培养，从而帮助教育对象形成正确的世界观、人生观、价值观、国家观、民族观、历史观、文化观、宗教观，掌握解决社会生活实际问题的基本方法与基本思路。"思想"是一个人成为全面自由发展的人最核心的要素，教育就是润物细无声地做好"思想引领"，带领个体具备实现自我价值的人生理想、积极向上的生活态度、迎难而上的拼搏精神、脚踏实地的奋斗作风，成为全面自由发展的人。

"思想引领"是教育扶贫"扶志"、解决精神贫困的重要途径。"三区三州"深度贫困地区公众对教育的认识普遍不到位，教育意识较为淡薄，甚至出现"教育致贫"的想法。教育致贫是指家庭用于教育的支出占家庭总收入的相当比例，导致贫困户更加贫困。同时，教育的投入产出不成正比，一些受教育者无法通过教育获得理想的工作、职位、收入待遇，由此产生对教育功能的怀疑与否定。调研发现，"三区三州"深度贫困地区的青壮年劳动力满足于现有生活状态并不是个例，他们多依靠种植农作物自给自足，富余的部分零散销售，或是在旅游点销售小商品，对目前这种并不富裕的日子满足感较高；对待子女的教育问题，多持有"学费太高""路费多""升学难"的想法；对于家庭脱贫致富的问题，多抱着"政府帮助""政策扶持"的希望，自主脱贫的动力不足。输血式、支援型扶贫都不能解决根本问题，要拔起贫困的穷根，需要形成造血式、自主型扶贫，解决根本问题的途径就是思想引导。除了对青少年进行系统的教育，对青壮年进行终身教育，还要引导他们树立远大的人生理想，形成自力更生的想法，激发自主脱贫的意识。

（三）以"知识与能力"为直接方式

"知识与能力"是教育产出的产品形式，教育过程是"知识与能力"生产的过程。知识与能力－过程与方法－情感态度价值观是教育的三维目标，"知识与能力"是教育价值理性的基础性内容，同时也是教育工具理性得以实现的载体。

扶教之贫是为"知识与能力"生产提供条件，依靠教育扶贫就需要把教育产出的"知识与能力"转化为生产力，创造价值。对于个体而言，教育的工具理性表现在个体获得文化资本而谋取阶层晋升，即个体通过接受教育，掌握知识与能力，获得与其知识、能力相匹配的文凭符号，进而获取生存空间、社会地位、职业声誉等，并有能力向更高阶层流动。对于社会而言，教育的工具理性表现在"科技是第一生产力"与"人力资源储备"上，即依靠教育将"知识与能力"直接转化为生产力；依靠教育培养人才，聚集人力资源，使人才成为推动社会经济发展、提升国际竞争力的核心要素。由此，教育以传递"知识与能力"为直接方式，输出教育产品——培养了拥有理想、掌握先进知识与生产技能的劳动者。通过这一直接方式，呈现了教育本身的价值，满足了教育服务社会经济的需要。人才的补充能够更好地帮助贫困地区摆脱贫困，而教育扶贫可以开发人才、提高人才资本存量，从而改善贫困地区的软环境，为贫困地区经济发展提供人才支持与智力保障。①

三、教育精准扶贫的系统性模型②

目前，距离 2020 年全面建成小康社会的目标，脱贫攻坚已经进入倒计时，这意味着"三区三州"深度贫困地区应以更大力度扶教育之贫，教育扶贫必须释放更大的能量。这依赖于对教育事业系统性特征的把握，构建教育扶贫系统模式，以使教育扶贫成效最大化，并有效巩固扶贫成效、防止返贫。教育扶贫系统模式就是从单向度的制度设计走向协同治理的制度安排。简言之，就是坚持系统性思维设计政策方案，建立政策方案之间"上下联动、左右协同、纵横交错"的逻辑关系，减少甚至消除由制度差异带来的摩擦、损耗，使制度之间形成强大的合力。

---

① 谢霄男，王让新. 关于农村教育扶贫问题的思考和对策建议 [J]. 中国教育学刊，2015（S2）：3 – 4.

② 李芳. 集中连片特困地区义务教育精准扶贫制度模式探究——基于帕森斯的社会行动理论 [J]. 华东师范大学学报（教育科学版），2019（2）：122 – 132.

（一）理论基础：教育精准扶贫制度“AGIL”功能分析模型

1. 帕森斯的社会行动理论

塔尔科特·帕森斯（T. Parsons）是结构功能主义的代表人物，于1953年提出社会行动理论。他将行动与系统结合起来，从社会行动界定系统，通过系统诠释行动结构。他指出，行动者依据动机来适应情景，行动者之间存在一套稳定的相互期待①。与结构功能主义一脉相承，帕森斯认为社会行动依赖于一定的结构运转，并实现其功能。社会行动是指相互关联的结构，通过组织化的方式对系统整体发挥相应的功能，通过互动建立共同价值体系形成均衡的行动秩序，总体倾向是强调社会体系的协调一致与社会体系的和谐本性，社会行动最重要的功能之一就是整合②。

按照帕森斯的观点，“行动系统”是“行动者”与“环境”持久的相互作用体系，任何系统都是有结构的，并必须满足某些功能。任何行动系统只有当四种需要至少在某种程度上被四种类型的功能满足时才存在，才能维持自身的运转与平衡。任何行动系统的四种需要和功能先决条件是适应（Adaption）、达到目标（Goal-attainment）、整合（Integration）、潜伏或模式维持（Latency），称为 AGIL 图式。社会行动者是借着模式维持的功能，而始终在社会规范与价值的支配下活动③。

“适应”是指任何行动系统应当能够调适于外部环境并使环境调适于自己的需要。“达到目标”是指任何行动系统界定其目标并动员各种资源以获得它们。“整合”是指任何行动系统为其稳定性和一致性而调节并协调其各个部分的需要。“潜伏”或“模式维持”是指一个系统

① ［澳］马尔科姆·沃特斯. 现代社会学理论［M］. 杨善华，季康，译. 北京：华夏出版社，2000：154.
② 吴立保，王达，孙薇. 大学共同治理的行动结构与路径选择［J］. 教育发展研究，2017（5）：39 – 45.
③ 陈奎憙，张建成. 教育社会学：人物与思想［M］. 上海：华东师范大学出版社，2009：121.

必须提供保持其成员动机激发能力的各种手段①。同样，帕森斯指出，AGIL 功能模型强调任何行动系统都必须成功地与外部环境相联系并成功地在内部组织自己②。行动系统又有子系统，分别是"行为有机系统""社会系统""人格系统""文化系统"。根据 AGIL 功能模型，行动系统中的各个子系统分别承担着四种功能，行动有机系统承担着"适应功能"，社会系统承担着"整合功能"，人格系统承担着"目标达成功能"，文化系统承担着"模式维持功能"③。

帕森斯提出的"AGIL"功能模型理论建构了"系统－结构－功能"的联系，广泛运用于各社会系统领域。以单细胞的有机体到最高级的人类文明中的所有组织及其进化的基本性质为基础，大到可以用于解释整个人类社会，小到可解释某一制度④。

2. 教育精准扶贫制度系统分析框架

党的十八大以来，我国进入精准扶贫攻坚时期，从中央到地方出台了《关于打赢脱贫攻坚战的决定》《关于实施教育扶贫工程的意见》等一系列教育精准扶贫制度，并开展了一系列教育精准扶贫行动，国家贫困地区义务教育工程、农村中小学远程教育工程、农村寄宿制学校建设工程等都取得了非常好的成效。由制度文本可见，义务教育阶段仍是集中连片特困地区教育精准扶贫的重点领域。这些制度安排以弱势补偿、教育公平为价值导向，建立了"中央统筹、省负总责、市县抓落实的管理体制，片为重点、工作到村、扶贫到户的工作机制，党政一把手负总责的扶贫开发工作责任制"等基本制度，包含保学控辍、教师培养、学生营养餐、贫困学生资助等扶贫主要任务。制度文本得以有效执行，才能发挥功能，但反观实践不难发现，目前的教育精准扶贫制度设计及执行仍存在障碍，效果难以完全保证。

---

① ［英］帕特里克·贝尔特，［葡］菲利佩·卡雷拉·达·席尔瓦. 二十世纪以来的社会理论［M］. 瞿铁鹏，译. 北京：商务印书馆. 2014：85.

② 同①，86.

③ 刘新龙. 基于 AGIL 模型的高校资助育人模式研究［J］. 滁州学院学报，2016（6）：102－106.

④ 侯钧生. 西方社会学理论教程［M］. 天津：南开大学出版社，2006：175－176.

帕森斯社会行动理论及 AGIL 功能模型为分析集中连片特困地区义务教育精准扶贫制度提供了重要的观察视角，也为改进、优化教育精准扶贫功能提供了重要的方法论。

从属性上看，集中连片特困地区义务教育精准扶贫制度系统属于社会系统。教育精准扶贫行动系统是一个相对独立的体系，以制度为结构基础；由价值系统、制度系统、权力系统、文化系统构成；存在制度与环境、制度与文化的双重互动与适应。同时，教育精准扶贫行动系统是扶贫管理系统、教育管理系统中的一个子系统，而扶贫管理系统、教育管理系统均是社会系统中的一个子系统。

从运转上看，集中连片特困地区义务教育精准扶贫制度系统适用于社会系统的运行规则。发挥教育精准扶贫制度的系统功能及实现扶贫目标均受到社会系统甚至是各子系统的制约。AGIL 四功能维系的社会系统具有多元性、整体性等特征，是一个在不断解决子系统与社会系统之间不平衡问题中寻求整体和谐平衡的有机体[1]。

从特征上看，集中连片特困地区义务教育行动系统尤其需要满足 AGIL 功能先决条件。连片开发扶贫是中国特色"六大扶贫模式"的一种方式，是指在贫困乡村集中连片的区域，根据扶贫开发规划和现代农业发展规划，围绕促进区域经济发展和增加贫困人口收入目标，以发展优势特色产业为重点，制定整村推进和连片开发的规划，通过 1～2 年的实施，改变区域贫困面貌，提升自我发展能力[2]。集中连片特困地区教育扶贫有两个关键点，即区域发展思维及系统规划意识，将特困地区视为一个整体，重视其内部与外部的适应、内部各环节的互动。制度系统作为子系统，存在适应（A）、达到目标（G）、整合（I）、潜伏或模式维持（L）功能性条件的满足过程，最终达到平衡状态。其系统功能的实现以一定的结构为基础，并以满足功能条件为前提。

从实践上看，制度体系是集中连片特困地区义务教育精准扶贫行

---

① 张明菊，李沛武. 基于"AGIL"模型的高校创业型勤工助学资助模式探析［J］. 煤炭高等教育，2015（1）：102 – 105.

② 高飞. 少数民族地区连片开发扶贫模式的实践与反思［J］. 云南民族大学学报（哲学社会科学版），2013（2）：73 – 80.

动系统实现其功能的重要环节。精准扶贫的关键在于制度的精准，准确适应外部环境、准确聚焦关键领域与环节、准确评价与激励。教育精准扶贫制度是一种综合理论、战略、政策和行为的完整系统，该制度系统包括教育扶贫主体博弈机制、教育扶贫对象精准识别机制、教育扶贫项目精准运行机制、教育扶贫精准考核与监督机制①。

因此，本研究试图运用帕森斯 AGIL 功能模型，从系统的角度出发，明晰集中连片特困地区教育精准扶贫制度系统的目标，即价值导向；分析制度要素与制度环境互动的状况，即制度执行的程度；考查教育精准扶贫制度功能条件满足的情况，即制度成效，从而找到政策偏差、执行不力的制度障碍，并构建新型的集中连片特困地区义务教育精准扶贫制度系统模式。

（二）教育精准扶贫制度系统模式建构

从上述义务教育精准扶贫存在的制度障碍可见，集中连片特困地区义务教育精准扶贫由于缺乏系统性思维与制度系统模式建构，成效有待改善。从帕森斯 AGIL 功能模型理论得到启示，建立"三区三州"深度贫困地区义务教育精准扶贫制度系统模式，充分满足 AGIL 功能条件并有效整合，才能实现扶贫目标。

结构功能主义理论的核心特征是寻找结构与功能之间的互动关系。② 集中连片特困地区义务教育精准扶贫制度系统模式就是以结构为基础，以功能为目标，通过制度系统的整合和 AGIL 功能条件的满足，实现人的全面脱贫（详见图 4）。

① 张翔. 集中连片特困地区教育精准扶贫机制探究 [J]. 教育导刊, 2016 (6): 23 - 26.

② 吴立保, 王达, 孙薇. 大学共同治理的行动结构与路径选择 [J]. 教育发展研究, 2017 (5): 39 - 45.

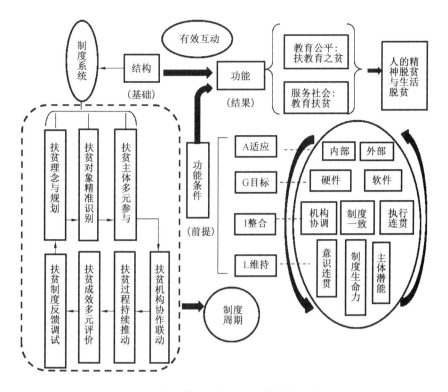

图 4　教育精准扶贫制度系统模式图解

1. 积极适应外部环境：构建以需求为导向的教育精准扶贫制度框架

教育反贫困战略未能达成预定目标的根本原因在于过分强调推崇整齐划一的教育发展模式，脱离当地经济发展和文化传承的实际需要①。到底什么样的教育制度适用于贫困地区？在做出教育政策安排时，应立足贫困地区实际情况，反思价值理性与工具理性的统一，探索实用的、富于本土化的教育形式与内容②。以需求为导向应成为集中连片特困地区义务教育精准扶贫制度系统的出发点与落脚点。

（1）建立教育政策需求摸底调研制度及政策评估制度。启动教育

---

① 张学敏，史利平. 文化 - 教育 - 经济共生机制：西南民族地区教育反贫困战略选择 [J]. 西南大学学报（社会科学版），2012（6）：48 - 53.

② 李兴洲. 公平正义：教育扶贫的价值追求 [J]. 教育研究，2017（3）：31 - 37.

政策出台前的入户调研程序，梳理出政策需求清单，确立可转化为教育政策的需求，制订解决这些现实需求的政策方案。对教育政策方案实施评估，模拟政策执行过程，对政策目标与政策环境匹配度、政策可行性与执行中可能遇到的困难、政策实施可能带来的风险等全面评估。制定出符合实际、满足需要、条件支持的集中连片特困地区义务教育精准扶贫制度。关注集中连片特困地区受教育者教育需求的多样性及当地特殊的文化、思想环境，打破制约集中连片特困地区义务教育精准扶贫的制度障碍，使政策目标最大化实现。

（2）构建辐射增强的特殊优惠政策体系。立足集中连片特困地区特殊的发展情况，将地域因素与民族因素相结合，充分考虑当地的经济、文化等特殊困难与历史欠账。从城市中心向乡村、边远地区辐射，形成直径越长、辐射越强的特殊优惠政策体系。通过制度创新，实行特殊优惠政策，特事特办，对制约"三区三州"深度贫困地区义务教育发展的经费、人员等资源配置关键制度进行调整、突破。例如，创新集中连片特困地区义务教育经费保障机制。在县财政极为不足的情况下，义务教育经费保障重心上移，至少以省为主，甚至以中央为主，加大中央政府转移支付力度。同时，建立义务教育阶段教育扶贫专项资金县级财政统一调配制度。2017年3月5日财政部在第十二届全国人民代表大会第五次会议上作出的《关于2016年中央和地方预算执行情况与2017年中央和地方预算草案的报告》中提出："开展贫困县统筹整合使用财政涉农资金试点，把纳入统筹整合范围的财政涉农资金的配置、使用权赋予贫困县。"义务教育经费管理也可借鉴上述做法，由贫困县统筹整合使用教育资金，教育支出与人民需求高度匹配，增强经费使用有效性。

2. 明晰发展目标：理清以发展为目的的教育精准扶贫思路

摆脱贫困，其意义首先在于摆脱意识和思路的贫困①。转变观念，从政府到民间形成以发展为目标的观念是教育精准扶贫制度系统的逻辑起点。习近平同志在2017年6月召开的深度贫困地区脱贫攻坚座谈

---

① 习近平. 摆脱贫困［M］. 福州：福建人民出版社，1992：216.

会上指出，"弱鸟先飞"，贫困地区、贫困群众要有"飞"的意识和"先飞"的行动。

（1）扭转教育致贫论思想，明晰教育精准扶贫的渐进发展目标。教育精准扶贫对于"三区三州"深度贫困地区脱贫确实不能立竿见影，相反，教育扶贫具有建设周期长、效果滞后、价值隐蔽的特征，容易造成教育致贫的错觉，应做好长期推动、分步实现的制度准备。教育精准扶贫具有双重含义。首先是"扶教育之贫"，即教育始终都是扶贫开发的主要阵地和关键领域，通过政策倾斜、加大投入、调整结构等各种手段及方式以最终实现教育领域的减贫与脱贫①。其次是将教育作为一种手段，"通过教育来提升劳动者的综合素质，促进贫困人口掌握脱贫致富本领，阻断贫困代际传递"②。这就决定了"三区三州"深度贫困地区教育精准扶贫的渐进发展目标，即始于扶教育之贫，推动教育均衡发展，继而发挥教育的辐射带动作用，助力全社会脱贫。教育精准扶贫目标是长短期、多层次相结合的，包含显性的经济层面硬件脱贫，隐性的思想文化层面软件脱贫，其核心目标是人的精神状态的脱贫。改变集中连片特困地区盯着短期目标、显性目标，忽视人才培养这一根本性、长远性隐性目标的错误认识。

（2）扭转教育无用论，明晰教育优先发展的目标。阿马蒂亚·森认为："更好的教育和医疗保健不仅能直接改善生活质量，同时也能提高获取收入并摆脱收入贫困的能力。教育和医疗保健越普及，则越有可能使那些本来会是穷人的人得到更好的机会去克服贫困。"③ 教育优先发展是以教育为载体、手段，授之以渔，变输血为造血，使集中连片特困地区获得自我发展的能力，是教育精准扶贫依赖的手段，是一种内生式的扶贫方式。教育精准扶贫就是逐渐满足处境不利贫困群体

---

① 刘军豪，许峰华. 教育扶贫：从"扶教育之贫"到"依靠教育扶贫"[J]. 中国人民大学教育学刊，2016（2）：44–53.

② 王嘉毅，封清云，张金. 教育与精准扶贫精准脱贫[J]. 教育研究，2016（7）：12–21.

③ ［印］阿马蒂亚·森. 以自由看待发展[M]. 任赜，于真，译. 北京：中国人民大学出版社，2013：88.

享有同等教育条件的长期复杂过程。制度供给、创造教育公平发展的条件是教育优先发展的重要路径依赖。在教育制度政策设计中，主要体现在缩小教育差距，减少涉及机会、财力、师资、信息化等公共教育资源配置的不平等，强调政府作为促进教育公平的责任主体地位①。相对贫困是教育扶贫制度设计中需要加以重点设计的内容，与难以维持基本生存相比，教育对于贫困人口而言是第二位的发展性的需求，因此教育扶贫制度在更高层次上需定位在提高贫困人口的代际上升和发展机会、发展能力，通过对子代或父代综合素质的提高，促进贫困人口家庭的代际发展②。

3. 有效整合资源：完善以协调有效为重点的教育精准扶贫制度体系

集中连片扶贫有别于散点扶贫，扶贫制度设计必须考虑统筹与整合，发挥制度合力，充分调动各种资源有序配置。

（1）树立教育制度安排"以人民利益为先"的价值导向，建立连贯、协调、一致的国家意志表达机制。加强顶层设计，打破部门割据的壁垒，形成左右联动的协作机制。保证政策制定思路、目标一致，行动统一。例如，人社、财政、教育等部门协作联动，从根本上统筹解决集中连片特困地区义务教育阶段教师编制、聘任、职称难题。跨部门有效沟通，以事业发展大局为利益出发点，科学核定编制；教师招聘计划单列；提供畅通的专业发展制度通道，实行高级职称计划单列，提高评聘比例。中央转移支付或省级财政追加专项经费，足额发放贫困地区教师评聘高一级职称的工资增长额。

保证由中央到地方制度安排一致，制度信息传导通畅，有效降低政策信息传递损耗。不同层级政府结合本级实际对制度安排进行再制定、再细化，完成任务分解，将原则性、指导性意见转化为可操作、可落实的制度设计，政策制定避免虚化。教育精准扶贫制度安排提供

① 石中英. 教育公平政策终极价值指向反思 [J]. 探索与争鸣，2015 (5)：4-6.
② 周秀平，赵红. 教育扶贫政策和重大行动 [M] // 司树杰，王文静，李兴洲. 中国教育扶贫报告 (2016). 北京：社会科学文献出版社，2016：99.

帮扶的方法不断丰富，从财政补贴、转移支付到"以奖代补"的方式，激发地方治理的主动性，释放地方政府的活力①。

（2）理顺机构建制及权责分配，形成全国一盘棋的制度执行机制。目前，中央由国务院扶贫开发领导小组办公室负责扶贫的议事协调，国家发改委地方司管以工代赈扶贫资金，国家财政部管财政资金扶贫项目，农业银行管信贷扶贫项目，民政部管救助扶贫项目，民族地区开发办管民族地区发展资金项目②。可见，各自为政、职能重叠、利益分割、责权分离是当前教育精准扶贫项目管理的基本特点。形成教育精准扶贫制度的合力，必须先行理顺各部门的关系，建立扶贫开发领导小组负全责、统筹调配资源的工作制度。赋予扶贫开发领导小组统筹规划、调配资源、下发指令性文件的权力，赋予其有效约束其他扶贫部门的行政权力，成为反贫困工作领导机构实体。各省（自治区）、市、县设立相应的对口机构，在纵向上垂直管理，在横向上有效整合。

（3）建立监督制度，筑起阻止利益寻租、权力滥用、资源流失的保障机制。引进技术手段，通过全范围、多层次的数据库与信息平台，实现教育精准扶贫全过程监督。"需求调查—教育精准扶贫规划—立项—实施—经费使用—评估—终结"整个链条中，通过技术手段形成数据库，开发科研分析、信息公开模块。引入第三方评估，实现教育精准扶贫实效的多元主体监管。第三方运用专业的手段提出科学化的监督方案，全面而中立地监管教育精准扶贫对象识别、扶贫项目设计、扶贫成效预判与评估、项目经费监管等环节，提高监督的有效性与可信度。

4. 持续推动制度执行：形成连贯有序的推动体系

教育系统错综复杂，独特的教与学心理互动关系、教育成果产出的滞后性与间接性、教育过程的阶段性与周期性，使得教育精准扶贫具有长效性、持续性，甚至呈现出螺旋式上升的形态。因此，教育精

---

① 吴霓，王学男. 教育扶贫政策体系的政策研究 [J]. 清华大学教育研究，2017（3）：76 – 84.

② 高飞. 少数民族地区连片开发扶贫模式的实践与反思——以帕森斯 AGIL 功能分析模型为工具 [J]. 云南民族大学学报（哲学社会科学版），2013 (2)：73 – 80.

准扶贫需要不断巩固和提高。

（1）调动实施主体能动性。连贯一致的国家意志落实是教育精准扶贫持续推动的基础。这依赖于社会主体的整合与社会中坚力量的调动。以政府为主导、由行政力量推动，是教育精准扶贫制度有效执行的重要保障。同时，也要调动基层执行者与贫困地区精英阶层的推动能力，发挥其影响力、号召力，将国家话语的宏大叙事用本土化的方式与语言加以呈现，层层转化，在基层生根发芽，使普通民众能够理解国家意志的意图，并心悦诚服地接受，将制度转化为执行力，从而形成"自上而下"与"自下而上"相结合的推动体系。

教育精准扶贫的持续推动要放眼学校系统以外的力量，改变教育系统唱独角戏、单一依靠教师推动的局面。发挥学校教育的辐射作用，做好家校沟通与社会教育融合，将家长逐渐培养为教育精准脱贫可依靠的推动力量。转变他们对教育的认识，增强通过教育提升生存技能、生活质量的信心。

（2）发挥长效跟踪机制、多维评价机制、责任机制的制度推动力量。扶贫项目进展是否顺利，效果是否达到预期，如何动态调整，这一系列长效性问题需以制度为保障。以实效为重点，建立科学的教育精准扶贫效果评估体系，并充分运用大数据平台实施全口径的长期跟踪、监测。坚持科学的价值导向，即与国务院关于精准扶贫的要求高度契合，以"扶贫对象精准、项目安排精准、资金使用精准、措施到户精准、因村派人精准、脱贫成效精准"为价值取向。从扶贫过程入手，对扶贫动机（"扶真贫、真扶贫"）、扶贫过程（"精确识别、精确帮扶、精确管理"）、扶贫效果（"投入"与"产出"具备最优效能）三个基本指标考量教育精准扶贫的基本面目①。同时，在突出精准的基础上设计多元指标体系，构建一整套定性、定量相结合的多级指标体系，多维评估。例如，运用受教育者的人均收入、受教育年限、贫困地区的人力资本状况、受教育者的学习、发展等内涵能力多个指标综

---

① 张翔. 教育扶贫对象精准识别机制探究［J］. 教育探索，2016（12）：94 – 96.

合评价脱贫成效①。同时，针对在教育扶贫过程中存在权力异化等问题，建立和完善动态跟进式教育扶贫、减贫、脱贫观察监管机制及责任追究机制②。要求各部门、各层级制定教育精准扶贫权力清单和责任清单，对每一个扶贫项目、每一笔扶贫资金的执行进度、使用效度等进行精准监督，对于未完成项目的责任人违法必究，采取有实质性的问责与处罚。

教育扶贫系统模式应放在提高贫困地区教育治理能力的宏观背景下推进，在构建教育公共治理格局的基础上，加强教育扶贫的参与性，形成多主体共同参与的教育扶贫系统模式。教育扶贫系统模式中，以政府为主导和主体责任人的同时，增加教育扶贫的开放性与可进入性，形成以公众为主体，高校、企事业单位、社会组织团体等多主体参与的"共同体"格局。将公众置于重要地位，提供公众需求畅通表达的渠道，使公众在教育扶贫中承担应有的责任。通过政策引导、完善高校、企事业单位、社会组织团体联合扶贫机制，从单纯经济扶贫走向智力扶贫、精神扶贫、文化扶贫，进一步巩固教育扶贫成效，有效防止返贫。

四、教育精准扶贫的核心内容框架③

教育与反贫困之间不是直接的线性关系。教育扶贫的机制就是以"人"为纽带，将教育途径作用于"人"，引起"人"的改变，发挥出教育"扶志"与"扶智"的功能，表现出教育扶贫的社会服务功能。加之，教育教书育人的本体功能具有长期性、反复性、延时性等特征，不能一蹴而就。通过加大投入、政策优惠等方法，扶教育之贫可以立

---

① 陈晨. 基于精准视角的集中连片特困地区教育扶贫问题研究 ［J］. 农村经济与科技，2016（22）：158，162.

② 代蕊华，于璇. 教育精准扶贫：困境与治理路径 ［J］. 教育发展研究，2017（7）：9-15，30.

③ 李芳. 教育扶贫：价值理性与工具理性融合的实践逻辑——以"三区三州"深度贫困地区为例 ［J］. 教育文化论坛，2020（5）：57-63.

竿见影，但依靠教育扶贫的成效显现必然是缓慢、隐性的过程。由此决定了教育扶贫的实践路径恰恰是找到价值理性与工具理性的结合之路，以教育为目的的价值理性为逻辑起点，真正按教育规律办事，使"三区三州"深度贫困地区从教育贫困的状态中解脱出来，同时将教育事业的统筹与其中介功能、工具理性相结合，促进教育社会功能的最大发挥。

（一）教育事业的长效性特征：重视教育的前端环节，为个体奠定人生基调

第十九届四中全会通过的《中共中央关于坚持和完善中国特色社会主义制度、推进国家治理体系和治理能力现代化若干重大问题的决定》明确指出"构建服务全民终身学习的教育体系"①。可见，在学习型社会中，教育贯穿于人的一生，具有长效性特征。因此，教育扶贫应抛弃短视行为，避免为了凸显扶贫成效而拔苗助长，不尊重人才培养的规律。高等教育由于处于教育链条的最顶端，具有培养高端人才的职能，能使教育产出的成效最为显著，被视为教育扶贫最重要的环节。毋庸置疑，高等教育对"三区三州"深度贫困地区教育扶贫能够发挥巨大的智力支持、社会服务等作用，但事实上，单纯依靠政策优惠支持高等教育发展并不是常态，只能是非常时期的非常规手段。高等教育属于选拔型人才培养阶段，需要较为强大的人、财、物力支持，其中的办学条件、生源等问题是贫困地区解决不了的。因此，"三区三州"深度贫困地区教育扶贫更应该立足实际，关注本区域基础教育的稳定有序发展，为个体打好坚实的人生底色。

抓住"三区三州"深度贫困地区基础教育办学的特殊问题，扶教育之贫，着力解决好硬件与软件的问题。从硬件方面入手，加大对乡村和县城公办幼儿园建设的支持力度，大幅改善现有保教条件，满足

---

① 中共中央关于坚持和完善中国特色社会主义制度 推进国家治理体系和治理能力现代化若干重大问题的决定［EB/OL］.（2019－11－05）［2020－02－20］http：// www. gov. cn/zhengce/2019－11/05/content_5449023. htm.

适龄幼儿入园需求。持续改善义务教育办学条件，对于目前保留的乡村小规模学校和教学点加强基础设施建设，改扩建、新建标准化寄宿制学校，推动义务教育均衡化、标准化发展，缩小城乡差距和校际差距。

从软件方面发力，向管理要效益、向课堂教学要质量、向教研要品质，打造人才队伍。优化教育管理体制，从粗放式管理走向精细化、内涵化管理，提高管理者的领导能力，摸索适应于当地的有效管理方式、盘活资源、合理配置资源，提高资源的使用率。加强教师队伍建设，探索以当地生源为主体、以本地师范院校为主力、以专科学历为基准的教师职前培养与职后培训一体化的培养方式，不断充实教师队伍，并通过志愿者、实习等多种方式补充师资。配齐配足教研员，切实做好县级教研活动，指导学校开展校本教研，给予教师最大程度的专业智力支持。

（二）教育事业的投入产出期待：以就业为导向，培养应用型人才

就业是对教育成果的检验，是个体对教育投入回报期待的集中表现。教育的有用性集中体现在依靠教育，帮助个体获得与社会生活衔接的入口。"三区三州"深度贫困地区通过招生优惠政策，使越来越多的学生获得了高等教育的入场券，如果这些学生的教育出口得不到妥善解决，既是教育资源的浪费，又是对教育有用性的打击、对教育扶贫成效的限制，更重要的是会积累社会不稳定因素。习近平总书记指出，就业是最大的民生工程、民心工程、根基工程，是社会稳定的重要保障，必须抓紧抓实抓好①。

就业问题回溯到教育事业，就是要规划好人才培养与社会需求的对接，注重教育的实用性，培养应用型人才，使人尽其才、才尽其用。从"三区三州"深度贫困地区的实际情况来看，充分就业是发挥教育扶贫成效的方法，也是教育工具理性的体现。各级各类教育应充分重

---

① 邢郑，杨曦. 抓好就业这个最大民生 中国有底气［EB/OL］.（2020 - 02 - 16）［2020 - 02 - 21］http：//finance. people. com. cn/n1/2020/0216/c1004 - 31588980. html.

视教育的有用性，使个体对教育投入的回报期待得到满足。基础教育阶段应加强劳动技能和生活技能的教育，培养学生的劳动意识和观念，培养学生的自理能力。高等教育阶段应重视人才培养与市场需求的对接，扭转单纯追求研究型、综合型高校的误区，避免理论类、人文类专业招生比例过高，使学术型人才与应用型人才适度平衡。习近平总书记在 2018 年的全国教育大会上强调，"要提升教育服务经济社会发展能力，着重培养创新型、复合型、应用型人才"①。在建设"双一流"背景下，"三区三州"深度贫困地区的部分高校应准确定位，加快向应用型高校转型。重视社会服务职能，以服务经济社会发展需求为导向，注重学术专业知识、专业技能的培养和训练，以培养应用型人才为目标。② 培养复合型、应用型人才，应加强职业教育体系的搭建。增强职业教育的吸引力，尤其需要根据"三区三州"深度贫困地区的产业特点调整专业、学科设置，突出办学特色，对于稀缺专业开展订单式培养，使人才培养与市场岗位需求最大程度吻合。同时，发挥职业教育对成人职业技能培训的优势，通过"职业讲习所"等方式，对青壮年劳动力进行有针对性的生产技能、普通话推广等培训，改造他们的精神世界，增强他们自主脱贫的动力，提升他们将其技能转化为生产力的能力，有效帮助他们脱贫致富。

① 习近平：坚持中国特色社会主义教育发展道路 培养德智体美劳全面发展的社会主义建设者和接班人 [EB/OL]．（2018 - 09 - 10）［2020 - 02 - 21］http：// www. xinhuanet. com/2018 -09/10/c _1123408400. htm.

② 刘献君. 应用型人才培养的观念与路径 ［J］. 中国高教研究，2018（10）：6 - 10.

第三章

"三区三州"深度贫困县教育扶贫的成效与经验

一、"三区三州"深度贫困县教育发展概况

党中央、国务院高度重视教育脱贫攻坚，特别是党的十八大以来，"三区三州"深度贫困县教育脱贫取得了重大进展。教育优先发展的地位逐步显现，教育投入得到较好的保障，投资项目建设力度空前，"一村一幼"全面落实，控辍保学扎实推进，各级各类学校办学条件有了很大改善，学生资助政策体系不断完善，解决了"三区三州"深度贫困县教育发展所面临的许多现实难题，补齐了诸多短板。当地群众对教育的满意度不断提升，对教育改变命运、改善生活的认同感不断增强。

（一）经济社会发展情况

根据 2017 年 11 月中共中央办公厅、国务院办公厅印发的《关于支持深度贫困地区脱贫攻坚的实施意见》对"三区三州"的界定，"三区三州"是指西藏自治区、涉藏工作重点省、新疆维吾尔自治区南疆四地州和四川省凉山州、云南省怒江州、甘肃省临夏州，6 省区共

24 个地州（市）。土地总面积 172.68 万平方公里，总人口 1047.49 万人。这些县市自然环境恶劣，基本上都处于生存环境差的高山高海拔的青藏高原地区、青藏高原向黄土高原过渡地带、横断山脉、大凉山区及南疆干旱沙漠地区，涉及汉、藏、维吾尔、蒙古、回、彝、羌、傈僳、东乡、保安、撒拉等 32 个民族聚居区。深度贫困县经济发展缓慢，财政自给能力非常薄弱，城镇化水平较低，农牧民收入、城镇居民可支配收入较全国平均水平有较大差距，集自然条件艰苦、地处边疆边境、民族文化独特等多种因素于一体，致贫因素多且复杂，脱贫工作的难度较大。

1. 西藏自治区

西藏自治区面积 120 多万平方公里，下辖 7 个地市。2018 年全区常住人口 343.8 万人，其中藏族人口占 90.5%，农村人口占 68.9%，人口自然增长率 10.6‰。2018 年实现全区生产总值 1477.63 亿元，同比增长 9.1%；地方财政收入 319.42 亿元，同比增长 23.3%；地方财政支出 2082.48 亿元，同比增长 17.8%，其中教育支出 232.85 亿元，增长 5.8%。城镇、农村居民人均可支配收入分别是 3.38 万元、1.15 万元。

西藏自治区是全国唯一整体划入集中连片特困地区的地区。经过 3 年的不懈努力，西藏累计实现 55 个贫困县区脱贫摘帽、4813 个贫困村退出、47.8 万建档立卡贫困人口脱贫，贫困发生率从 2015 年的 25.2% 降至 2018 年的 6% 以下。截至 2018 年，全区还有 19 个深度贫困县未实现脱贫摘帽，贫困人口还有 15 万人。综合分析西藏农牧民致贫因素及其脱贫难度，发现有 3 个特征：一是贫困人口受教育程度低是脱贫攻坚的弱点。全区 40 万贫困人口中年龄在 16 ~ 20 岁的占 58.9%，其中具有小学及以下、初中、高中、大专及以上文化程度的，分别占 91.2%、6.3%、1.53%、0.97%，这部分人口的发展能力较差。二是持续稳定增加收入是脱贫攻坚的难点。从致贫原因看，缺技术占 33.6%，缺劳力占 21.0%，缺资金占 11.8%，自身发展动力不足占 10.2%。第三方评估入户调查数据显示，建档立卡贫困户家庭经营性收入仅占全部收入的 40%。三是剩余深度贫困地区是脱贫攻坚的重点。主要集中在地处偏远、高寒高海拔、灾害频发地区。

2. 涉藏工作重点省

（1）青海省涉藏州县

青海涉藏州县 74.11 万平方公里，截至 2018 年年底，青海涉藏州县总人口为 219 万人，其中少数民族人口为 157 万人，占比 71.69%；青海涉藏州县地区生产总值达到 1050 亿元；地方公共财政收入 76.94 亿元；城镇居民可支配收入 3.21 万元；农牧民人均纯收入 1.04 万元。

青海省黄南藏族自治州位于青海省东南部，地处九曲黄河第一弯的南岸，是一个以藏族为主体的少数民族自治州，所辖河南、泽库、同仁、尖扎 4 县 21 乡 11 镇、261 个行政村 31 个社区。黄南州土地幅员辽阔，地理条件复杂多样，自然条件严酷。全州面积 1.8 万平方公里，人口 27.7 万。黄南州自然经济社会基本情况有以下 3 个特点：一是全州平均海拔在 3000 米以上，属高原大陆性气候，年平均气温 −0.9℃~8.5℃。冷季漫长干冷，暖季短促润凉。二是人口增长快，少数民族多。2018 年全州人口出生率为 13.6‰，是全国的 1.24 倍；自然增长率 9.6‰，是全国的 2.5 倍。拥有藏、汉、蒙古、回、土、撒拉等 23 个民族，少数民族人口占全州总人口的 93.84%，其中藏族人口占总人口的 68.62%。三是经济较落后，农村贫困面广。全州地区生产总值 88.33 亿元，三次产业结构为 25.9∶33.1∶41，与全国相比，以畜牧业为主的第一产业比重明显偏大。居民人均可支配收入 15249 元，是青海的 73.46%，仅为全国的 54.02%；农村居民人均可支配收入 8952 元，是青海的 86.13%，仅为全国的 61.24%。全州财政支出 95% 以上依靠国家财政转移支付。2018 年全州一般公共预算收入 3.16 亿元，一般公共预算支出 86.04 亿元，其中教育支出 12.71 亿元。同仁、尖扎、泽库 3 县和 19 个乡（镇）属于深度贫困地区，有贫困村 89 个，贫困人口 4.17 万人，贫困发生率 20.7%。全州有因病、因残、60 岁以上孤寡老人及单亲家庭人口 8756 人，占全州建档立卡贫困人口总数的 20.9%。在建档立卡贫困人口总数中，因病、因残致贫的占 18.79%，因缺技术、缺劳动力致贫的占 32.59%，因缺发展资金、自身发展动力不足致贫的占 26.2%，因缺水、缺土地、交通条件落后致贫的占

17.55%，因其他因素致贫的占4.8%。总体来看，现有贫困人口贫困程度更深、减贫成本更高、脱贫难度更大，已进入啃硬骨头、攻城拔寨的攻坚阶段。虽然贫困人口规模不大，但黄南州农村牧区贫困问题具有"区域性、民族性、特殊性、综合性"的特征，"小集聚、大分散、程度深、返贫高、难度大"的特点依然突出。

青海省海南藏族自治州地处青海湖之南，其地形以山地为主，四周环山，盆地居中，属典型的高原大陆性气候。全州面积4.45万平方公里，辖共和、贵德、贵南、同德、兴海5县36个乡镇423个行政村。总人口47.6万人，主要有藏、汉、回、土、蒙古等民族，少数民族人口约占总人口的76.7%，其中藏族人口占总人口的66.9%。2018年全州实现地区生产总值158.18亿元，比上年增长6.2%；人均地区生产总值3.33万元，比上年增长5.3%。2018年全州一般公共预算收入10.45亿元，一般公共预算支出107.42亿元，其中教育支出17.52亿元。

青海省果洛藏族自治州位于青海省东南部，面积7.8万平方公里，平均海拔4200米以上。果洛州资源比较丰富，有大小河流36条，总流程3300多公里，分别入注黄河和长江两大水系。果洛州辖玛沁、甘德、达日、班玛、久治和玛多6个县44个乡镇188个行政村，总人口20.84万人，其中藏族人口19.14万人，占总人口的91.8%。2018年全州地区生产总值41.45亿元，一般公共预算收入2.31亿元，一般公共预算支出88.78亿元。全州6个县都是贫困县，其中除久治县外的其余5县为深度贫困县。全州贫困乡镇40个，贫困村73个，建档立卡贫困户12435户，建档立卡贫困人口45027人。

青海省玉树藏族自治州位于青海省西南青藏高原腹地长江（南源）、黄河、澜沧江的三江源头，是青、川、藏交汇地，素有"江河之源""名山之宗""牦牛之地""歌舞之乡"和"中华水塔"之美誉。全州面积26.7万平方公里，占全省总面积的37.02%。平均海拔4200米，最高峰布喀达板峰海拔6860米，海拔最低处是囊谦县娘拉乡3580米。属典型的高原高寒气候，全年无四季之分，只有冷暖两季之别，冷季长达7~8个月，暖季只有4~5个月，年均气温2.9℃。玉树州现辖玉树、称多、囊谦、杂多、治多、曲麻莱1市5县，11镇34乡4个街道办事处，258个村和49个社区。总人口40.96万人，有藏、汉、回、蒙古、土、满、撒拉等11个民族，其中藏族人口占全州总人口的98%。2018年12月29日，玉树州被国家民委命名为第六批全国民族团结进步创建示范区。2018年全州实现地区生产总值53.61亿元，人均生产总值12979元；一般公共预算收入2.1亿元，一般公共预算支出100.96亿元，其中教育支出14.39亿元。

（2）四川省涉藏州县

四川省阿坝藏族羌族自治州位于青藏高原东南缘，四川省西北部，人口94.6万，全州面积8.4万平方公里；四川省甘孜藏族自治州位于四川省西部，地处中国最高一级阶梯向第二级阶梯云贵高原和四川盆地过渡地带，全州面积15.3万平方公里，人口119.9万。四川省阿坝州和甘孜州少数民族人口占比分别达59.3%和78.4%。近几年来，两州在扶贫攻坚、对口帮扶、异地搬迁、农民技能培训等方面开展了许多富有成效的工作，取得了非常好的效果。建档立卡贫困家庭收入增加，生活得到改善，老百姓对国家的惠民政策认可度高。2018年，阿坝州已累计完成8.22万名贫困人口脱贫、实现365个贫困村退出，贫困发生率从14.5%下降至3.06%；甘孜州泸定、康定、丹巴、九龙、乡城、稻城6个贫困县（市）摘帽、463个贫困村退出、1.17万户4.98万名贫困人口脱贫，贫困发生率降至3.52%。

四川省凉山州木里藏族自治县隶属四川省凉山彝族自治州，位于四川省西南边缘，是一个以藏族为主，包括彝、汉、蒙古、纳西等21个民族的自治县。木里藏族自治县地处青藏高原东南缘，横断山脉终端，属高原气候，气候特点为冷热两季交替、干湿两季分明，年温差小、日温差大、辐射强烈，无四季区分的气候特征。全县面积1.33万平方公里，占凉山州面积的22%，居全省第3位，共辖29个乡镇，9个牧场，113个行政村，603个村民小组，其中面积1000平方公里以上的乡镇有3个，500-1000平方公里的乡镇有7个。2014年年末全县总人口为13.4万人，是四川藏区人口第一大县，其中藏族人口4.51万人，占总人口的33.7%。全县平均海拔3100米，相对高差4488米。

2020 年 1 月，木里县通过专项评估核查，2019 年年末综合贫困发生率降至 3% 以下，县农村居民人均可支配收入大幅增长，公共服务和基础设施建设水平得到提升，稳定脱贫、可持续发展机制基本形成，已达到贫困县退出标准，按程序退出贫困县序列。

（3）云南省迪庆藏族自治州

云南迪庆藏族自治州位于云南省西北部，地处滇、川、藏三省区接合部的青藏高原南延地段，是云南省唯一的藏族自治州，世界自然遗产"金沙江、澜沧江、怒江三江并流"腹心区，澜沧江和金沙江自北向南贯穿全境。全州面积 2.4 万平方公里。2019 年，总人口 40 万人，其中户籍人口 36.9 万人。在户籍人口中，少数民族人口占比 83.6%，包括藏、傈僳、纳西、白、彝等 26 个少数民族，其中藏族人口 13.3 万人，占户籍总人口的 36%。迪庆州 2019 年累计完成地区生产总值 251.2 亿元，按可比价计算（下同），同比增长 11.6%。其中：第一产业完成增加值 15.45 亿元，同比增长 5.5%；第二产业完成增加值 95.28 亿元，同比增长 19.8%；第三产业完成增加值 140.47 亿元，同比增长 6.6%。全年完成非公经济增加值 111.13 亿元，占地区生产总值的 44.2%。按总人口计算的人均生产总值为 6.17 万元（总人口为年平均人口），比上年增加 9028 元，同比增长 10.6%。

（4）甘肃省甘南藏族自治州

甘肃甘南藏族自治州位于甘肃省西南部，地处青藏高原东北边缘，境内大部分地区海拔在 3000 米以上。全州分 3 个自然类型区，南部为岷迭山区，群峦叠嶂，山大沟深，气候比较温和，是全省重要林区之一；东部为丘陵山地，高寒阴湿，农林牧兼营；西北部为广阔的草甸草原，是全省主要牧区。全州面积 5.22 万平方公里。甘南州有藏、汉、回、土、蒙古等 24 个民族，总人口 74.2 万人，其中藏族人口 41.5 万人，占总人口的 55.9%。辖合作市和夏河、碌曲、玛曲、迭部、舟曲、临潭、卓尼等 7 县 1 市，共有 99 个乡镇（街道办）、662 个行政村。甘南州地方经济困难，财政自给率仅为 4.4%，2018 年全州实现地区生产总值 155.73 亿元，城镇居民人均可支配收入 24783 元，农村居民人均可支配收入 7677 元。

3. 南疆四地州

南疆四地州地处新疆南部，包括塔里木盆地、昆仑山脉新疆部分及吐鲁番盆地，四地州包括和田地区、阿克苏地区、克孜勒苏柯尔克孜自治州、喀什地区。南疆四地州是新疆深度贫困县集中分布的地区，其经济社会发展水平、致贫原因具有高度相似性。南疆四地州人口共计691.81万人，占新疆总人口的27.82%；地区生产总值2351.98亿元，占新疆生产总值的19.28%。一般公共预算收入357.84亿元，占新疆一般公共预算收入的23.37%；一般公共预算支出1696.89亿元，占新疆一般公共预算支出的34.04%。新疆乡村人口比例为49.09%，南疆四地州乡村人口比例都在65%以上。南疆四地州深度贫困县（市）具有以下共同特征：一是乡村人口比例高，城镇化水平低。从地州层面看，除阿克苏地区的深度贫困县乡村人口比例为65.71%外，其余三地州的均为75%以上。从县（市）层面看，乡村人口比例超过85%的有墨玉县、疏勒县、洛浦县、伽师县、阿克陶县、和田县，其中阿克陶县为94.20%，和田县为95.92%。二是农村居民人均可支配收入低。各县（市）农村居民人均可支配收入均明显低于新疆维吾尔自治区农村居民人均可支配收入1.19万元的水平，同时，与本县（市）城镇居民人均可支配收入水平有较大差距。其中，农村居民人均可支配收入低于7500元的有阿克陶县、塔县、策勒县、疏附县、墨玉县、皮山县、于田县。三是本级财政自给能力低。除皮山县、喀什市、和田市以外，四地州其他深度贫困县（市）地方一般公共预算收入占支出的比例均不超过10%。其中，于田县、英吉沙县、柯坪县、乌什县、策勒县低于5%。

4. 甘肃省临夏州

甘肃省临夏回族自治州位于黄河上游、甘肃省中部西南面，地处青藏高原与黄土高原过渡地带，境内山谷多，平地少，地势西南高，东北低，由西南向东北递降，呈倾斜盆地状态，平均海拔2000米。临夏州是全国两个回族自治州和甘肃省两个民族自治州之一，紧靠兰州、毗邻藏区，是内地连接藏区的重要经济通道。临夏州冬无严寒、夏无酷暑，四季分明、气候宜人，是回藏风情旅游线上的一颗明珠、中国西部重要的休闲度假旅游胜地。全州面积8169平方公里，辖1市7县、124个乡镇、7个街道办、1151个行政村，常住人口204.41万人，其中农村人口175.8万人，有回、汉、东乡、保安、撒拉等31个民族，少数民族人口占全州总人口的59%，其中东乡族和保安族是以临夏为主要聚居区的甘肃特有少数民族。2018年，全州经济运行呈现速度与效益同步增长的新气象，实现生产总值255.35亿元，同比增长6.7%，一般公共预算收入15.52亿元，一般公共预算支出252.49亿元。农村居民人均可支配收入6817元，增长9.9%，增速居全省第一；城镇居民人均可支配收入20834元，增长7.5%。2018年临夏市实现了脱贫摘帽，贫困发生率从42.21%下降到8.97%，下降了33.24个百分点。

5. 四川省凉山州

四川省凉山彝族自治州位于四川省西南部，地貌复杂多样，地势西北高，东南低。高山、深谷、平原、盆地、丘陵相互交错，海拔最高为木里县恰朗多吉峰5958米，最低为雷波县大岩洞金沙江谷底305米，相对高差为5653米，高低差悬殊。凉山州是全国最大的彝族聚居区、四川民族类别和少数民族人口最多的地区，面积6.04万平方公里，辖16县1市。2018年年底，全州户籍人口529.94万人，其中：少数民族人口为302.17万人，占总人口的57.02%；彝族人口为284.13万人，占总人口的53.62%；建档立卡贫困人口97.30万人，占总人口的18.36%，目前已累计脱贫66.1万人。2018年凉山州实现19.9万人和500个贫困村脱贫，贫困发生率7.1%，比上年降低了4.8个百分点。

6. 云南省怒江州

云南省怒江傈僳族自治州位于云南省西北部，地处中、缅及滇、藏的接合部，属亚热带山地季风气候，是中国唯一的傈僳族自治州，也是中国民族族别成分最多和中国人口较少民族最多的自治州，其中独龙族和怒族是怒江州所特有的少数民族。怒江州2019年实现生产总值192.51亿元，增长11.1%；固定资产投资完成184.43亿元，增长17.2%；地方财政一般公共预算收入完成13.08亿元，增长20.5%；地方财政一般公共预算支出完成175.66亿元，增长26.5%；城镇常住居民人均可支配收入达 26650 元，增长 8.5%；农村常住居民人均可支配收入达 7165 元，增长 11.1%。全州 29 个乡镇中有 21 个贫困乡镇，255 个行政村中有 249 个贫困村（其中深度贫困村 218 个）。

（二）教育事业发展概况

随着经济社会的快速发展和教育扶贫工作的深入推进，"三区三州"广大群众的教育理念正在发生深刻变化，对教育阻断贫困代际传递的认识愈发清晰，对扶贫先扶智有较高认同，送子女接受义务教育的法律意识也在不断增强。

1. 西藏自治区

2018 年西藏自治区已有 62 个县通过国家义务教育发展基本均衡评估认定。全区有各级各类学校 2442 所（另有小学教学点 164 个），在校生 70.23 万人。其中：幼儿园 1477 所，在园幼儿 12.33 万人，学前三年毛入园率 77.9%；义务教育学校 908 所，在校生 45.57 万人，义务教育巩固率 93.9%；高中阶段学校 45 所，在校生 8.45 万人，高中阶段毛入学率 82.3%；高等院校 7 所，在校生 3.78 万人，高等教育毛入学率 39.2%；特殊教育学校 5 所，在校生 912 人。2018 年年底，全区共有教职工 5.38 万人，其中专任教师 4.92 万人，占教职工总数的 91.4%，汉族、少数民族教师分别占比 21.9%、78.1%。

2018 年，全区建档立卡贫困家庭学生 10.24 万人，占各级各类学校在校生总数的 14.6%。义务教育阶段建档立卡贫困家庭学生 7.58 万人，占全区建档立卡贫困家庭学生总数的 74%。日喀则、昌都、那曲三市建档立卡贫困家庭学生 7.66 万人，占全区建档立卡贫困家庭学生总数的 74.8%。

2. 涉藏工作重点省

（1）青海涉藏州县

2018 年青海涉藏州县学前三年毛入园率由 2015 年的 66.84% 提高到 83.19%，已基本解决"入园难"的问题；小学净入学率达到 99.5%，义务教育巩固率由 2015 年的 93.77% 提高到 95.24%；高中阶段毛入学率由 2015 年的 60% 提高到 79.5%；中职学校毕业生就业率已达到 94%。

2018 年青海省黄南州各级各类学校共计 275 所，在校生 6.19 万人。全州民族中小学 103 所，占中小学总数的 91.15%；民族中小学在校生 3.73 万人，占中小学在校生总数的 81.6%。全州寄宿制中小学 64 所，占中小学总数的 56.6%；寄宿学生 3.65 万人，占全州各级各类学校在校生总数的 58.96%。

2018 年青海省海南州各级各类学校共计 385 所，其中小学 54 所、中学 25 所、幼儿园 302 所、特教学校 2 所、中职学校 2 所。各级各类学校教职工 7115 人，其中专任教师 5981 人。各级各类学校在校生 10.21 万人，其中小学 4.36 万人、中学 3.15 万人、幼儿园 2.17 万人、中等职业学校 5312 人。截至 2019 年 4 月，全州共有建档立卡贫困学生 8466 人。2018 年，全州学前三年毛入园率达 91.9%，小学净入学率 99.8%，初中净入学率 95.9%，九年义务教育巩固率 95.5%，高中阶段毛入学率 81.2%。

青海省果洛州 2018 年有各级各类学校 129 所，其中幼儿园 57 所、小学 52 所、初级中学 3 所、九年一贯制学校 9 所、完全中学 1 所、高级中学 2 所、中职学校 5 所（包括 4 所民办中职学校）。各级各类学校在校生 4.6 万人，其中幼儿园 6632 人、小学 2.19 万人、初中 1.03 万人、普通高中 3584 人、中职在校生 3544 人。全州有各级各类学校教职工 3437 人，其中专任教师 2346 人。学前三年毛入园率 70.12%，九年义务教育巩固率 95.03%，高中阶段毛入学率 75.06%。

青海省玉树州教育发展不平衡不充分的矛盾突出。自 2010 年 "4·14" 灾后重建后，玉树州坚持把教育作为最大民生工程来抓，重点研究、优先安排、力补短板，取得了长足进展，教育基础设施不断完善，办学规模不断扩大。教育服务经济社会发展，帮助群众脱贫致富等方面收效明显。通过先后实施中小学校舍安全与布局调整、中小学标准化建设、藏区项目、全面改薄、学前教育三年行动计划、高中资源布局调整和异地办学千人计划、"三区三州" 等重大工程项目，全州教育事业迈入舆论氛围好、投入力度大、百姓受益多的跨越式发展时期。2018 年全州各级各类学校共计 216 所，其中幼儿园 113 所、小学

82 所（另有教学点 18 所）、初级中学 10 所、九年一贯制学校 3 所、完全中学 2 所、高级中学 3 所、特殊教育学校 1 所、职业学校 2 所（含民办 1 所）。各级各类学校在校（在籍）学生（幼儿）10.9 万人，其中幼儿园 1.86 万人、小学 5.36 万人、初中 2.09 万人、高中 1.03 万人、职业学校 5608 人。全州建档立卡贫困在校生 1.79 万人，其中：幼儿园 2277 人，占全州在园幼儿总数的 12.27%；小学 1 万人，占全州小学在校生总数的 18.67%；初中 3058 人，占全州初中在校生总数的 14.62%；高中 1497 人，占全州高中在校生总数的 14.52%；中职 1047 人，占全州中职在校生总数的 18.7%。

（2）四川省涉藏州县

四川省阿坝州、甘孜州基础教育不断巩固提高，特别是学前教育得到快速发展，在园幼儿规模相比 2015 年分别增长 10.04%、42.19%。建档立卡学生规模较大，两个州建档立卡在校生占在校生总数的比例分别达 14.3%、22.65%。2018 年，凉山州木里县全县共有 4 所幼儿园、35 所中小学，多数学校不同程度地存在生均校舍面积不达标、器材设施配备不足、缺少专任教师等问题。

（3）云南省迪庆藏族自治州

云南省迪庆州是云南省唯一的藏族自治州，下辖 3 个县（市）、29 个乡镇、139 个村委会（社区）。总人口 41.2 万人，少数民族占比 88.9%。通过系列扶贫措施，脱贫攻坚取得阶段性成效。

1）学前教育

2018—2019 学年，学前三年毛入园率 71.2%，学前教育在校生 1.09 万人，专任教师 596 人，师生比为 1：18.22；2019—2020 学年，学前三年毛入园率 79.51%，比 2015 年提高 17.3 个百分点，学前一年毛入园率达 92.92%，普惠性幼儿园占比 89.77%。全州基本实现"一县一示范、一乡一公办、一村一幼"学前教育发展目标。

2）义务教育

截至 2019 年 12 月，全州有完全中学 4 所，初级中学 6 所，职业初中 2 所，小学 36 所（其中 19 个教学点不计学校数）。2018—2019 学年，义务教育巩固率 92.77%；2019—2020 学年，义务教育巩固率 93.61%。

小学教育。全州小学 36 所（其中 19 个教学点不计学校数），小学生 2.8 万人，小学毛入学率 107.04%，学历达标率为 100%，小学生均校舍面积 17.7 平方米。2018—2019 学年，小学生 27946 人，专任教师 2213 人，师生比为 1∶12.6；2019—2020 学年，小学生 28052 人，专任教师 2177 人，师生比为 1∶12.9。

初中教育。全州完全中学 4 所，初级中学 6 所，职业初中 2 所，初中生 13155 人，初中毛入学率 112.07%，初中巩固率 98.72%，学历达标率 100%，中学生均校舍面积 26.82 平方米。初中在校生 1.34 万人，师生比为 1∶13。

特殊教育。全州特殊教育学校 1 所，特殊教育学生 169 人，专任教师 13 人。

3）中等教育

普通高中教育。高中阶段毛入学率 86.7%，全州各级各类学校教职工总数为 5658 人，其中专任教师 4552 人。学历达标率为 99.81%，2018—2019 学年，高中教职工 6703 人，专任教师 1514 人。2019—2020 学年，高中教职工 6806 人，专任教师 1542 人。

中等职业教育。中等职业教育学校 5 所，在校学生 2725 人。

（4）甘肃省甘南藏族自治州

2018 年，甘肃省甘南藏族自治州学前三年毛入园率由 2015 年的 65.99% 提高到 89.03%；小学净入学率达到 100%，义务教育巩固率由 2015 年的 93.92% 提高到 99.19%；高中阶段毛入学率由 2015 年的 85.12% 提高到 91.85%；中职学校毕业生就业率从 2015 年的 75% 提高到 85%。截至 2018 年年底，全州共有各级各类学校 778 所，其中幼儿园 350 所、小学 378 所（含教学点 223 所）、普通中学 43 所（九年制学校 15 所、初级中学 12 所、完全中学 11 所、高级中学 5 所）、中职学校 6 所，特殊教育学校 1 所。各级各类学校在校生 13.92 万人，其中幼儿园 2.64 万人、小学 6.41 万人、初中 3 万人、高中 1.7 万人、中职 0.17 万人。寄宿制学校 171 所，占全州中小学总数的 40.61%；寄宿学生 8.04 万人（校内住宿学生 5.52 万人，校外住宿学生 2.52 万人），占全州中小学在校生总数的 72.38%。

3. 南疆四地州

截至 2018 年，南疆四地州义务教育学校数量与 2015 年相比均有不同程度的减少。其中，喀什地区义务教育学校数减少了 16.47%，阿克苏地区、克孜勒苏柯尔克孜自治州（以下简称"克州"）分别减少了 8.03%、5.65%。虽然学校数减少，但义务教育阶段在校生数有较大幅度增长，按照增长幅度依次为和田地区（29.96%）、喀什地区（17.63%）、克州（14.88%）、阿克苏地区（7.75%）。从净增长数量看，喀什地区增加了 12.28 万人，和田地区增加了 9.8 万人。

"十三五"以来，南疆四地州在义务教育控辍保学、加快推进学前教育发展、扩大学生资助覆盖面等方面取得了积极进展。截至 2018 年秋季学期，南疆四地州在园幼儿达 95.74 万人（其中 22 个深度贫困县 75.88 万人），普惠性幼儿园覆盖率达 90%，提前完成了规划目标。

4. 甘肃省临夏州

截至 2018 年年底，甘肃省临夏州共有各级各类学校 2019 所，其中幼儿园 775 所、小学 1129 所（其中教学点 327 所）、九年一贯制学校 19 所、初级中学 63 所、完全中学 5 所、高级中学 14 所、中专及职校 11 所（普通中专 2 所、中等职业学校 9 所）、电大分校（州教师培训中心）1 所、特殊教育学校 1 所、高职院校 1 所。全州各级各类在校生 43.19 万人，其中义务教育阶段学生 28.1 万人，占 65%。全州教职工 2.91 万人。学前三年毛入园率 92.2%，九年义务教育巩固率 96.29%，高中阶段毛入学率 78.75%。

5. 四川省凉山州

截至 2018 年年底，四川省凉山州共有各级各类学校 1571 所，另有小学教学点 1011 个、村级幼教点 3117 个。在校学生 117.83 万人，教职工 5.77 万人，其中专任教师 5.18 万人。近年来，凉山州在校生规模出现大幅增长，其中，2018 年学前教育在校生规模比 2015 年增长了 52.42%。全州建档立卡在校生 20.54 万人，其中义务教育阶段学龄人口建档立卡人数 15.17 万人。

6. 云南省怒江州

云南省怒江州辖 4 县（市）、29 个乡（镇）、255 个村委会、17 个社区。2018年，4个县均为深度贫困县，贫困人口近6万人。怒江州自2016年秋季学期开始实施14年免费教育，取得显著成效。

（1）学前教育

全州共有幼儿园366所，比2015年增加290所；在园儿童1.73万人，比2015年增加6599人。全州学前教育专任教师671人，比上年增加113人。学前教育三年毛入园率74.43%，比2015年提高38.15个百分点。全州学前教育校舍建筑面积16.62万平方米。

（2）义务教育

全州义务教育阶段学校189所，在校生7.27万人，九年义务教育巩固率90.78%，比2015年提高24.96个百分点。

小学教育。全州共办有小学校（点）167所，在校学生5.04万人，比2015年增加4441人，小学适龄儿童入学率达到99.64%。

初中教育。全州共办有初级中学21所，其中九年一贯制学校3所，在校生2.21万人，比2015年增加2262人，初中阶段毛入学率105.85%，比2015年提高7.68个百分点。

特殊教育。全州共办有特殊教育学校1所。全州小学阶段残疾儿童在校生658人，其中特殊学校124人、随班就读356人、送教上门178人；残疾儿童入学率96.76%，比2015年提高24.06个百分点。

（3）中等教育

普通高中教育。全州共有高（完）中9所（民办2所），在校学生1.1万人，比2015年增加3322人。

中等职业教育。全州共有中等职业技术学校1所、职业高中2所，教师进修学校2所。中等职业技术学校在校学生2320人，州内技工学校在校生522人。

高中阶段毛入学率73.35%，比2015年提高27.15个百分点。

二、教育扶贫模式的基本成熟

一是深化对口支援，形成"脱贫攻坚"强大合力。

实施"组团式"教育援藏援疆。2016年，教育部等四部委启动了教育人才组团式援藏工作，由 17 个省市和 30 所教育部直属高校及附属中小学先后派出 1200 名左右教师，以组团方式对口支援西藏自治区 20 所左右学校。每年从西藏选派 400 名骨干教师和管理人员到对口支援省市接受为期一年的跟岗培训，赴对口支援省市培训学习。新疆维吾尔自治区也启动实施援藏援疆万名教师支教计划，2018 年秋季学期，首批 3180 名援疆省市支教教师到岗，其中幼儿园 34 人、小学 975 人、初中 1195 人、普通高中 760 人、中职 80 人、高校 50 人、其他 86 人。阿克陶县着力对接好教育人才"组团式"援疆，主要通过以培优扶尖、国学和红色文化传承为特色的教育教学模式，以促进民族融合为特色的汉民混班教学模式，通过 6 所支教学校的辐射带动效应，促进当地教育质量全面提升。

创新对口省份援疆工作机制。在对接内地省份援助过程中，南疆各地州、县（市）注重创新办法，充分发挥援疆人才的智力资源对教育脱贫的助推作用。克州教育局聘任援疆教师为克州中小学教研室兼职教研员及克州双语教育人才工作站人才库专家。浙江省湖州市援疆教师成立工作室智力支援柯坪县，产生了良好的优质资源扩散效应。

积极推进东西部协作和对口帮扶。甘肃省临夏州按照《厦门市—临夏州东西部扶贫协作教育协作协议》，采取"走出去、请进来"的方式，由厦门市选派专家前往临夏州各县市及各学校开展互访交流、支教送教及专题培训工作，共培训学科教师 2 万多人次；临夏州先后选派了千余名教师前往厦门进行高层次跟岗学习。厦门市还为临夏州 500 名建档立卡贫困户大学生每生发放助学资金，不断强化对口帮扶工作的深度和广度，有力地助推了教育脱贫攻坚加快步伐。青海省海南州利用江苏对口支援契机，积极引进教育人才，先后引进 9 名专业技术人才到各县的学校挂职任教，实施了"百名名师进海南"和研究生支教活动，从江苏引进 260 名特高级教师和 160 多名研究生到海南州指导教学和开展支教。

促进优质教育资源共享。南疆地州、县（市）注重发挥信息技术在促进优质教育资源共享中的作用。和田市搭建"智慧教育云平台"项目，在实现 99 所中小学录播教室全覆盖的基础上，引导各学校利用录播教室开展信息化教学和"强校带弱校""一校带多校""录播教室带班班通设备教室"直播教学。甘肃省 2017 年实施"省级同享大城市优质教育资源信息化示范项目",搭建了西北师大附中与甘南州 4 所高中的同步课堂;2018 年支持深度贫困县舟曲、临潭 11 所学校实施专递课堂(一带三)项目;2018 年国家"三区三州"项目重点建设甘南州数字教育云服务平台,促进"互联网 + 教育",以实现数字资源、优秀师资、教育数据、信息资源共享。青海省黄南州同仁县第三完小与成都实验小学结成帮扶对子,实行远程植入式教学,提高了教育教学水平。果洛州民族高级中学与四川成都七中开设网络直播班,让果洛学生享受到成都七中优质教育资源。西藏那曲市色尼区第二(杭嘉)中学借助教育信息化优势,与浙江省杭州市四季青中学、茅以升实验学校、崇文世纪城实验学校等共建共享教育优质资源,引入教育信息资源平台,实现了教育资源的互惠共享。建立"云端上西藏班"结对帮扶,在党团课培训、教学管理经验交流、教学教研资源引入、"三个课堂"建设、教改成果共享等方面全方位对接,邀请浙江教育专家、名师通过"空中课堂"网络直播授课,实现两地师生共上课、同教研、齐成长;实施"云评课"服务项目,通过教师云研修测评系统为学校教师提供远程测评服务,着力提升教师教学质量;建设"云校(北京)智慧教育平台"和"全国教育云服务平台",教师通过云平台上传和下载教学资源,将信息技术与教育教学融合,通过"空中课堂"示范课打造学校精品课堂,为全校师生及其他地区学校共享优质资源提供重要支撑。

推进职业教育、高等教育对口支援。东中部职教集团、民办本科学校对口支援西藏地州中职学校。深化高校对口支援,推进北京大学等 27 所高校团队式对口支援西藏 7 所高校,实现高校对口支援全覆盖。四川省凉山州开办异地班,每年选送 4000 余名初中毕业生到内地优质中职学校就读。云南省大力支持民族地区职业教育发展,推进东部 10 个职教集团等各方力量对口帮扶滇西 10 州(市),实现州(市)职业学校对口帮扶全覆盖。怒江州向珠海市 6 所职业院校输送学生 599 人("0 + 3"学制学生 459 人,"1 + 2"学制学生 140 人),均为建档立卡贫困家庭学生或家庭经济困难学生。四川省阿坝州、甘孜州、凉山州采取自主办学、联合办学、异地培养等方式大力发展中职教育，实施藏区、彝区"9＋3"免费职业教育计划，为在中等职业学校就读的学生提供免除学费、给予生活补助等优惠政策，将在内地中职学校就读的藏区、彝区学生整体纳入当地城镇居民基本医疗保险范围。甘肃省甘南州全力配合开展天津对口支援工作，2017年至2018年，天津现代职业技术学院面向甘南州招生61人，天津援甘资金给予生均每年7000元资助。青海省海南州职业教育坚持"走出去"战略，抓住江苏对口支援和国家开办西藏内地中职班、三江源异地班及异地单考单招等有利时机，积极与内地职业院校建立合作办学关系，提升职业教育办学水平。2011年以来，先后在江苏、湖南等地开办了"海南州中职班"，输送2579名学生接受内地优质职业教育。援疆省市的124所职业学校帮扶实现南疆职业学校对口支援全覆盖，40所教育部直属高校对口支援新疆大学等11所新疆高校，着力推进新疆职业教育和高等教育内涵式发展。墨玉县坚持"走出去，引进来"的发展思路，积极和内地几家中职院校对接，争取教师进修学习的机会，先后共派出28名教师，到四川等地学习培训，让老师走出去，把知识学进来，不断提升学校软实力。

开展"百校手拉手"活动，促进交流、交往、交融。组织对口援藏省市与西藏自治区中小学开展"百校手拉手"活动。截至2018年年底，"百校手拉手"活动已覆盖西藏7个地市，内地122所中小学与西藏134所学校结对，为促进人员交往、交流、交融，铸牢中华民族共同体意识起到了重要作用。

二是坚持把在内地培养少数民族人才作为重要政治任务。中央和地方持续投入大量的人力、财力和物力，不断完善制度机制，加强教育管理服务，稳步提升内地办学水平和人才培养质量。经过努力，已全面建成涵盖初中、高中、中职、本专科、硕士、博士等各层次的内地办学体系。着力办好内地西藏班、新疆高中班、中职班，目前在校生7万人。继续实施高等学校招生向民族地区倾斜的有关政策，增加民族地区学生上大学的机会。在普通高校举办少数民族预科班和民族班，累计招收 40 余万人。实施"少数民族高层次骨干人才"硕士和博士研究生培养计划，累计招收 3 万余人，持续不断地培养少数民族优秀年轻干部和有学术造诣、有国际视野、有社会影响的少数民族高级专门人才。内地学校为西藏、新疆等民族地区累计培养了 50 多万名各类高素质专门人才，绝大多数学生毕业后回到当地，扎根基层，成为当地经济社会发展的有用人才。

三是积极推动职业教育发展，探索校企联合办学。新疆和田地区皮山县 2019 年与上海天坤国际有限公司签订联合办学协议，截至目前已与 7 家企业签订了学生顶岗实习协议书，与 3 家企业签订了校企合作协议书，与 1 家企业签订了联合办学、订单式人才培养协议书，引企进校的企业 3 家。云南省怒江州与京东、比亚迪等建立校企合作机制，2018 年外出实习、实训学生 798 人，到企业实践 732 人。开展农村劳动力转移培训 2725 人次，举办农村实用技术培训 412 期，培训 56418 人次，考证认定 846 人次。青海省海南州积极推进"产教融合""校企合作"，海南州职业技术学校已与 40 家企业建立合作关系，采取"学生＋员工"的培养模式，加强学生实操训练，着力提高人才培养质量。

四是探索国家通用语言文字教学能力提升的工作机制。南疆各县（市）按照自治区部署，采取调整课时、课外补差、假期强化、分层教学、信息技术辅助、城乡包联帮扶等措施，积极推广国家通用语言文字。和田县制订实施方案，对未持有普通话证书的教师进行普通话培训学习，培训每周不少于 6 课时，每月进行 1 次国家通用语言文字测试和集中批改、总结与分析，并进行全县排名。开展国家通用语言文字动态分班教学，实施个性化学习跟踪，根据学生的学习基础和学习状况，按照学习所达程度将学生分为 3 种类型班级，进行动态管理，坚持成熟一个转出一个的方法，使学生的整体国家通用语言文字能力水平不断提升，持续提高国家通用语言文字教学质量。莎车县 2018 年以来组织全县中小学、幼儿园不能完全胜任国家通用语言文字教学的教师进行通用语言文字和教材教法培训，参培人数达 6900 人次，经过 3 次考核，少数民族合格教师能运用国家通用语言文字教学的人数明显增加。阿克陶县着力开展国家通用语言文字教师培训全覆盖，通过寒、暑假封闭式集中培训与分散交流相结合，疆内研修学习与疆外跟班培训相结合，国家通用语言文字培训与学科教学技能培训相结合等多种方式，全面提升师资水平。西藏昌都市各中小学（幼儿园）教师普通话测试全面覆盖，截至2018年年底已通过国家二类城市语言文字工作评估，11县（区）全部通过三类城市评估。甘肃省甘南州举办普通话达标培训班29期，培训教师3600余人次，其中双语教师2000余人次。青海省黄南州高度重视国家通用语言文字教育工作，建立义务教育师资培训基地和普通话测试站，对黄南州双语骨干教师、建档立卡贫困户新增劳动力和青壮年劳动力进行普通话集训，同时加大对国家通用语言文字资源建设的长效投入，建立语言文字推广管理与培训长效机制，为提高教师的普通话水平提供平台支撑。同时，组织学校教职工通过多种形式开展国家通用语言文字学习，使学校教职工基本具备使用国家通用语言文字开展工作的能力。

五是加强学前教育，全面推进"一村一幼"。四川省凉山州2015年起投入20亿元实施"一村一幼""一乡一园"工程，采取"一村一幼""一村多幼""多村一幼"等形式，修建348所乡镇幼儿园、3117个村级幼教点，招收幼儿12.61万人，并通过改造村活动室、富余校舍、闲置村小以及租用民房、新建校舍等，保障农村3至6周岁学前幼儿就近接受学前教育。由政府购买服务解决师资难题，选聘"一村一幼"学前教育辅导员7976人，州县两级统一培训，坚持先培训后上岗，实现辅导员全员培训，确保了保教质量。2018年全州在园幼儿达25.53万人，较2015年净增8.78万人；学前教育三年毛入园率达83.6%，较2015年提高28.2个百分点。云南省怒江州通过改造党员活动室、利用村完小闲置校舍、结合易地搬迁统筹新建幼儿园、引入社会力量支持办学等方式，加快推进"一村一幼"，泸水市已于2017年年底在省内率先实现"一村一幼"。甘肃省临夏州新建、改扩建农村幼儿园760所，实现了1500人口以上行政村幼儿园全覆盖，并向1500人口以下行政村延伸，在园幼儿达10.7万人，学前三年毛入园率达92.15%。

六是多种形式加强教师队伍建设，不断提升教育发展"软实力"。

补充教师数量，均衡配置教师资源。西藏自治区加大教师培养力度，拓宽教师补充渠道。实施高海拔艰苦边远地区教师定向培养计划、乡村教师定向培养计划、学前中职毕业生对口高职计划等，加大师范生培养数量，2016—2018年全区共招录师范类毕业生1.3万人，通过自治区公招、公费师范生就业、定向培养和面向区外人才引进、志愿者留藏、"三支一扶"等渠道补充教师1.09万人。甘肃省甘南州在招录计划中单设藏文科、藏理科等双语类学科，报考考生生源地、学历要求等均由设岗县市自主设置，招录引进了一大批优秀的师范类专业紧缺学科教师，有力地缓解了教师队伍结构性短缺的矛盾。临夏州通过特岗教师招聘，补充教师541名（幼儿教师316名、小学教师225名），并考核安置了2015年招聘的585名服务期满的特岗教师。通过三区支教、大学生支教、轮岗交流等措施，选派了1566名优秀教师到山区学校挂职、支教，充实了薄弱学校教师队伍，优化了乡村师资队伍结构。研究出台了《关于解决全州中小学代课人员问题的方案》，明确提出坚持"以县为主、一县一策、积极稳妥、合理分流"的原则，妥善解决代课教师问题。青海省黄南州针对贫困地区教师人数不足的问题，通过增加编制、购买服务、同工同酬、地方特岗等方式扩大供给，2018年全州非在编在岗教师有1183人（包括幼儿园政府购买服务754人、地方特岗106人、同工同酬323人），占全州教师总数的27.31%。同时，积极争取西宁市、天津市支教教师177名，与29名藏汉双语定向免费师范生签订就业协议，有效补充教师总量。云南省怒江州综合采用特岗教师招聘、事业单位招聘、对外引进和聘用、"三支一扶"、定向免费师范生培养、公费师范生培养、学前教育志愿者招聘等方式补充教职工队伍，2006—2018年共招聘特岗教师776名，2010—2019年教育系统共引进教师395人，均向紧缺学科倾斜。

加强培训，提升教师的专业素养、教学能力和师德师风。西藏自治区实施国家、自治区、地市、县、校五级培训，2016—2018年累计培训教师6.5万人次。实施名校长、名教师选拔培养工程，评选出全区首批中小学名校长12名、名教师53名。甘肃省在国培、省培项目名额分配中逐年加大对甘南州的倾斜力度，甘南州2016、2017、2018

年分别有 201 名、438 名、620 名中小学幼儿园教师参加国培项目，2016、2017 年分别获得 873.45 万元、688 万元专项经费用于双语教师培训，集中培训教师 6030 人次。同时，实施了中小学幼儿园教师信息技术应用能力提升工程，完成了全州 1 万余名教师的全员培训，有效提升了中小学幼儿园教师信息技术应用能力。甘肃省临夏州根据教师队伍中存在的问题和培训需求，有针对性地制订全年教师培训计划，遴选组建了 106 人的州级教师培训专家团队。通过国培计划、省培项目、州级培训和东西协作等项目，累计完成 1.2 万人次的中小学（幼儿园）校长（园长）、教师培训工作。召开全州师德师风建设工作部署会议，印发了《临夏州关于进一步加强师德师风建设的意见》《临夏州加强师德师风建设活动实施方案》，组织宣讲团深入各县市，分高中、初中、小学 3 个类别开展巡回宣讲活动，宣讲全国教育大会精神和师德师风要求，对全州 8000 多名教师进行了教育培训。云南省怒江州自 2016 年以来共培训中小学、幼儿园教师约 2.6 万人次，组建了 3 个云南省"国培计划"项目名师工作坊、10 个珠海帮扶项目名师工作室、10 个"国家统编 3 科教材"名师工作室。云南省迪庆州加大教师培训力度，实现师资培训全覆盖，"国培"3962 人次、"省培"3699 人次，州级培训 3748 人次。置换培训 175 人，派送 90 名中小学教师到省内中小学与名师跟岗交流研修，定向培养公费师范生 26 人。乡村教师职业荣誉感明显提升，"下得去、留得住、教得好"的乡村教师队伍基本形成。

不断改善教师待遇条件，落实教师工资和职称政策。西藏自治区建立自治区、市（地）两级乡村教师队伍建设政策保障体系，实施差别化生活补助制度，三年落实乡村教师生活补助 5.21 亿元，1.86 万名乡村教师受益。自 2016 年起改革中小学幼儿园教师职称（职务）评聘制度，设置正高级教师职称（职务）。甘肃省甘南州 2015 年起发放乡村教师生活补助，并逐年提高补助标准，为打造优质乡村教师队伍提供了待遇保障。将班主任岗位补助列为州为民办实事项目，以每月200～300 元的标准，2018 年共发放班主任岗位补助 728 万元。临夏州全面落实教师工资待遇，根据中央和甘肃省关于新时代教师队伍改革发展的实施意见，以及甘肃省办公厅印发的《关于进一步提高中小学教师工资待遇的通知》精神，积极落实乡村教师生活补助每月人均不低于 400 元，班主任津贴每月人均不低于 300 元的相关规定，确保教师平均工资不低于公务员平均工资水平。推进教师职称评审改革，下放中级职称评审权限，按照"定向评价、定向使用"的原则，在学校核定岗位数上提高 5 个百分点，对第一学历本科任教满 15 年、专科任教满 25 年，近 5 年内将退休的符合高级教师评审条件的教师不受岗位限制应评尽评，有效解决教师职称评定难的问题。青海省黄南州对教师职称评定实行倾斜，2018 年评定高级职称的乡村教师 85 人，占高级职称评定总数 117 人的 72.65%。落实生活补助政策，2018 年为 1144 名乡村教师发放生活补助金 628.3 万元，为 317 名 60 岁以上原民办、代课教师发放养老补助 86.2 万元，为 36 名符合条件的乡村教师发放学费奖补 37 万元。海南州深入实施乡村教师支持计划，对在乡村学校任教满 30 年的 442 名教师、满 20 年的 699 名教师，分别由国家级、省级和州级教育和人社部门颁发了荣誉证书。积极落实乡村教师岗位补助、乡村学校任教学费补偿等政策，大力表彰奖励骨干教师和优秀教师，全面落实教师每年一次全面体检和重大疾病救助制度、医学专家为乡村教师下乡巡诊制度，有效调动了广大教师的工作积极性。投资 1.5 亿元建成义务教育阶段教师周转房 2065 套，总面积达 7.42 万平方米。果洛州高度重视教师队伍建设，为保障教师待遇采取了一系列措施：对长期任职的教师和校长给予补助，对班主任发放津贴，对距县城较远、交通条件差的乡镇教师增加交通补助，对教师公用住房分配安置予以优先照顾，对中小学教师职称制度进行改革。全州共落实各类惠师政策资金 4081.88 万元，其中落实终身从教特殊补助金 768.5 万元，班主任津贴 662.42 万元，交通费补助 312.2 万元。

三、教育发展质量的稳步提升

（一）教育投入大幅增长

教育经费投入总体增长。近年来，国家对"三区三州"教育脱贫攻坚投入力度成倍增长，地方政府在财政收入增速普遍放缓的情况下对深度贫困地区的教育投入仍然保持了大幅增长。例如，2017—2019年，和田市教育投入 12 亿元，新增校舍面积 35 万平方米，办学条件明显改善。建设了 2 个教育园区，解决了 1.2 万人教育问题。与 2016 年相比，2018 年四川省阿坝州的中央投入增加 222%，省级投入增加 125%，四川省甘孜州的中央投入增加 119%，两州财政教育经费支出及其占比均有明显上升。2014—2018 年，甘肃省"全面改薄"项目向民族地区共投入资金 35.29 亿元，其中向甘南州投入资金 9.02 亿元，2019 年薄改与能力提升项目向甘南州投入资金 1.24 亿元。

扎实推进全面改薄项目建设。2014—2018 年临夏州改薄项目投资 18.8 亿元，对 817 所义务教育阶段学校进行了改造。义务教育阶段学校均达到"20 条底线"要求。截至目前，五年项目总进度为 92.95%，其中土建项目进度为 92.4%、设备项目进度为 96.5%。2019 年 3 月甘肃省下达义务教育薄弱学校环节改善与能力提升项目资金 1.11 亿元（其中中央专项资金 4369 万元、省级补助资金 6773 万元），计划对 35 所薄弱学校进行改善与提升。通过全面改薄项目的实施，逐步解决部分学校"大班额"问题，均衡配置校舍、师资、仪器设备等资源，缩小城乡义务教育差距，巩固提高控辍保学成果。

加强顶层设计，全力抓好"三区三州"教育扶贫项目建设。教育扶贫资金、项目、政策重点向南疆倾斜，落实农村义务教育学生营养改善计划，推进南疆四地州实现从学前到高中阶段的 15 年免费教育。2018—2020 年临夏州"三区三州"教育脱贫规划资金 4 亿元，重点实施 6 类教育扶贫项目，即：投资 29471.68 万元，建设 45 所寄宿制学校；投资 7814.32 万元，推进 285 所学校的教育信息化建设项目；投资 1712 万元，改善 2 所贫困家庭学生和劳动力职业技能培训学校的条件；投资 300 万元，推动 3 个教学点项目建设；投资 652 万元，用于 7 个教师培训项目建设；投资 50 万元，用于 3 个推普脱贫项目建设。

（二）义务教育控辍保学取得实效

各地政府在控辍保学上采取了一系列有力举措，取得明显成效。

四川省阿坝州、甘孜州、凉山州制定下发了控辍保学专项行动实施方案和劝返学生入学安置指导意见，指导控辍保学工作有序开展；利用教育网站、官方微信、广播电视、手机报、短信、宣传栏、家长会、主题班会等多种形式宣传教育扶贫资助政策、家长送子女接受义务教育的责任和义务；教育、统战、宗教、公安、卫健等部门协同发力，县（市）、乡（镇）、村三级组织共同努力，逐村逐户逐寺开展"地毯式"精准排查，核实比对适龄儿童学籍、户籍等数据信息，精准锁定失辍学生；抓住春节、松茸季、虫草季等关键时间节点，进村进户逐一动员，做到"一个不能少"。对劝返入学的学生采取随班就读、学业补偿、集中办班、素质提升、农民夜校、远程教育和送教上门等形式加强学业、心理、情感和健康教育，做到"一个不能走"。甘孜州通过学校安置学习9521人，进行补偿教育和技能培训6066人，因病、因残依法免（缓）学345人，送教上门186人。云南省怒江州建立完善了义务教育控辍保学"三线四级"工作机制和"六长"负责制。2018年共劝返失辍学生1169人，小学辍学率0.27%，初中辍学率0.73%，九年义务教育巩固率90.63%，辍学率明显降低。迪庆州全面落实"双线六长制"和《控辍保学九项制度》，全力推进义务教育控辍保学工作。香格里拉市、德钦县、维西县对疑似失学、辍学的义务教育适龄儿童少年逐一摸排，累计劝返学生226人，劝返率达96.58%。101名适龄残疾儿童少年中，24人送入特殊教育学校就读，77名重度残疾和多重残疾学生通过送教上门实施义务教育。甘肃省甘南州按照"不漏一户、不落一人"的要求，专题调研，分析研判，安排部署，跟踪推进，印发了《关于进一步加强控辍保学工作的意见》等6个指导性文件，州、县、乡、村四级联动，教育、统战、扶贫、民政等部门齐抓共管，着力在摸清底数、比对数据、思想动员、劝返复学、分类施教、精准保学、跟踪巩固、常态长效上下功夫。2018年年底，甘南州共劝返学生5624人，劝返率100%，其中971名适龄僧童已全部劝返。青海省果洛州共劝返学生7033人，劝返率100%，其中2033名适龄僧童已全部劝返；玉树州2018年共劝返学生8688人，劝返率97.28%，建档立卡贫困学生已全部劝返复校。

（三）学前教育加快普及

"三区三州"135 个深度贫困县共有学前教育机构 2.27 万所，在园幼儿 162.23 万人，教职工 8.36 万人。以公办园为主，公办民办并举的办园格局初步形成，"广覆盖、保基本、有质量"的学前教育公共服务体系正在逐步构建。"一乡一公办""一村一幼"正在积极推进，除了新建村幼儿园以外，充分利用村小闲置校舍、村民活动室、租用民房等资源，在居住集中的自然村设立村级幼儿教学点，采取"一村一幼""一村多幼""多村一幼"等多种形式发展农村学前教育，基本上满足了广大老百姓送子女入园的需求。例如，西藏自治区通过实施学前教育三年行动计划，2016 年以来，中央投入 28.31 亿元，新建幼儿园 1150 所。其中，投入 19.04 亿元，新建村级幼儿园 931 所，学前三年毛入园率由 2015 年的 61.5% 提升到 77.9%，提高了 16.4 个百分点。四川凉山州 2015 年开始实施"一村一幼"计划，采取"一村一幼""一村多幼""多村一幼"等形式，全州开办村级幼教点 3117 个，招收幼儿 12.61 万人，选聘学前教育辅导员 7976 人，2018 年全州在园幼儿达 25.53 万人，较 2015 年净增 8.78 万人，学前教育三年毛入园率达 83.6%，较 2015 年提高 28.2 个百分点。四川省阿坝州、甘孜州每个点设 1 个或多个混龄班，每班配备 2 名学前教育辅导员，省财政按照 2000 元/（人·月）标准给予劳务报酬补偿，并按 3 元/天标准为藏区幼儿提供营养午餐。甘孜州 2015—2017 年新建乡村幼儿园 93 所，2018 年新建脱贫村幼儿园 167 所。甘肃省甘南州全面落实中央和省级决策部署，制定印发了《甘南州人民政府关于加快发展学前教育的实施意见》等一系列文件，构建了"以乡为骨架、以村为支撑"的农村学前教育服务体系。2012 年以来，累计投入资金 5.49 亿元，新建幼儿园 267 所，学前阶段在园幼儿数、教职工数、学前三年毛入园率、优质示范园数、经费投入实现"六个翻番"，基本做到"幼有所育"。临夏州大力推进村级幼儿园建设。2018 年甘肃省下达临夏州 3 个深度贫困县行政村幼儿园建设资金 1.17 亿元，新建、改扩建幼儿园 170 所。该项目完成后，将基本解决 3 个深度贫困县贫困家庭适龄幼儿入园问题，让更多的贫困家庭劳动力解放出来，让家长有更多的时间和精力发展生产、增加收入，尽早实现脱贫。

（四）职业教育特色发展

"三区三州"深度贫困地区高度重视推动职业教育的特色发展，采取了自主办学、联合办学、异地培养等一系列方式大力发展中等职业教育，积极推进校企合作办学，加快教育扶贫步伐。2016年以来，青海省累计投入6.7亿元，支持藏区"一州一校"及优势特色专业和产教融合实训基地建设，进一步深化产教融合、校企合作。四川省阿坝州、甘孜州、凉山州实施藏区、彝区"9+3"免费职业教育计划，每人每年免除学费2000元；在中等职业学校前两年中，每年给予生活补助3000元，第三年生活补助1500元；每生每年补助1500元用于交通、住宿、书本等；当年入学的新生还有冬装补助300元。与此同时，在内地中职学校就读的藏区、彝区学生，整体纳入当地城镇居民基本医疗保险范围。2018年，四川省阿坝州职业学院挂牌招生，完善了从中职到高职的职业教育体系。阿坝州现有中职学校4所，在校生3354人，另有内地"9+3"在校生4450人。

积极推动职业教育联合办学。一些县（市）对于中职学校委托管理进行了积极探索。新疆和田地区皮山县2019年与上海天坤国际有限公司签订了联合办学协议。截至目前，已与7家企业签订了学生顶岗实习协议书，与3家企业签订了校企合作协议书，与1家企业签订了联合办学、订单式人才培养协议书，引企进校的企业3家。云南省怒江州与京东、比亚迪等企业建立了校企合作机制，2018年外出实习、实训学生798人，到企业实践732人。向珠海市6所职业院校输送学生599人（"0+3"学制学生459人，"1+2"学制学生140人），其中：建档立卡贫困家庭学生473人，占79%；家庭经济困难学生126人，占21%。2016、2017、2018年，中职学校学生就业率分别为95%、94%、95.5%。开展农村劳动力转移培训2725人次，举办农村实用技术培训412期，培训5.64万人次，考证认定846人次。青海省海南州积极推进"产教融合""校企合作"，海南州职业技术学校已与40家企业建立了合作关系，采取"学生＋员工"的培养模式，加强学生实操训练，努力提高人才培养的质量。

（五）教育信息化2.0行动着力推进

云南省迪庆州45所中小学、1476间教室光纤网络100M接入工程全面完成，实现了"宽带网络校校通""优质资源班班通""教师网络学习空间人人通"。多媒体电子白板配备率大幅提升，其中小学配备率达100%。教育公有云、自有云平台建设为教师教学提供了支撑。通过构建统一的数据中心和交换平台，教育部门数据信息实现了共享。

甘肃省甘南州373所中小学实现宽带接入，宽带接入率达到88.5%。33所学校建有校园网，有教学用计算机15417台，师机比3∶1，生机比10∶1；有计算机教室250间，录播教室59间，电子白板教室2272间，交互式一体机教室667间，投影机教室472间，电子备课教室68间，多媒体教室2919间。2017年，甘肃省实施"省级同享大城市优质教育资源信息化示范项目"，搭建了西北师大附中与甘南州4所高中的同步课堂；2018年，甘肃省支持深度贫困县舟曲、临潭两县11所学校实施专递课堂（一带三）项目；2018年国家"三区三州"项目用于教育信息化资金9075万元，重点建设甘南州数字教育云服务平台，促进"互联网＋教育"，以实现数字资源、优秀师资、教育数据、信息资源共享。

青海省黄南州为进一步落实青海省中小学教育信息化标准化建设项目，2017年筹建全省第一个藏汉双语教育资源服务平台。截至2019年4月，全州中小学共有计算机教室160间，学生用计算机5896台，教师用计算机3321台，装有电子白板教室1094间，液晶显示一体机教室301间，录播教室32间，50%的教师可用信息化方式完成授课。与此同时，创新信息化教学方式，同仁县第三完小与成都实验小学结成帮扶对子，实行远程植入式教学，提高了教育教学水平。

青海省海南州为了推进教育信息化2.0行动计划的实施，制定了《海南州关于加快推进"互联网＋教育"行动实施方案》，先后完成教育信息化建设项目投资3355万元，实现了交互式班班通全覆盖，所有学校都建有计算机网络教室，与宽带供应商达成所有学校不低于100M宽带光缆的协议，建成录播教室67个，覆盖率达88.2%，新建智慧教学PAD班23个，生机比达到9∶1，师机比达4∶1。义务教育阶段教师人人通空间注册率达到100%，有效改变了优质教育资源不均的状况。为了提升中小学教师信息技术应用能力，每年举办教育信息化应用交流现场会、中小学教学软件大赛、中小学畅言教师助手应用说课比赛、中小学交互式电子白板应用比赛、中小学机器人比赛、"一师一优课、一课一名师"网上晒课评选、教师基本功大赛等活动，教师信息技术应用能力大幅提升，2018年全州中小学教师信息技术应用能力初级水平达标率为100%，中级水平达标率提升到20%。

（六）实施困难学生精准资助

在国家和省区政府的大力支持下，"三区三州"深度贫困地区建立健全了学生资助体系。州、县两级教育部门建立了建档立卡贫困家庭学生台账，校级建立了建档立卡家庭学生花名册。"三区三州"深度贫困地区中有的地方已经全面实施从学前到高中阶段的15年免费教育，如西藏自治区和四川省阿坝州、甘孜州、凉山州等。免除学前幼儿保教费，义务教育"三免一补"，对普通高中学生给予学费减免，免费提供教科书。

西藏自治区先后制定出台各级各类学生资助政策40余项，实现了资助政策从学前到研究生教育全覆盖。例如，实施15年免费教育政策。农牧区学前教育免收保教费、交通费、杂费，年生均补助380元，对城镇实行公办幼儿园免费、民办幼儿园定额补助（年生均3600元）政策；义务教育阶段在校生免收学杂费、免费提供教科书、免费配发学生字典，自2017年开始，实行城乡统一的义务教育免费教育补助政策标准，即小学生每生每学年260元（教科书费80元），初中生每生每学年380元（教科书费120元）。高中教育（含中职）阶段免学费、住宿费、杂费、教科书费，年生均标准为重点高中1840元、非重点高中1240元、中职学校3300元。实施教育"三包"政策。对农牧民子女和城镇困难家庭子女实施教育"三包"（包吃、包住、包基本学习费用）政策，连续三年提高标准，2018 年达到年生均 3720 元，受益学生 57 万多人。农牧区义务教育学生实施营养改善计划。在国家实施农牧区义务教育学生营养改善计划试点的基础上，从 2014 年开始，自治区将县级以上义务教育农牧民学生全部纳入营养改善计划地方试点。完善高等教育阶段学生资助政策。建立"奖、贷、勤、助、补、免"六位一体的家庭经济困难学生资助体系。2016 年秋季学期以来，自治区本级财政累计安排资助资金 2.38 亿元，资助大学生 3.4 万人次。

四川省阿坝州 2018 年为 2.96 万名在园幼儿减免学费、补助午餐费；全州 6.47 万人享受家庭经济困难寄宿制学生补助生活费；为 1.61 万名普通高中学生按相关标准免除学费、免费提供教材，并为 0.8 万名家庭经济困难普通高中学生按照年生均 2000 元标准提供国家助学金，覆盖率达 100%；为 3402 名全日制中职学生免除学费 675.2 万元，发放国家助学金 554.1 万元；为 682 名建档立卡贫困家庭中职（含技工）学生发放生活补助资金 34.1 万元。甘孜州 2018 年为 3.12 万名公办幼儿园学生免除保教费 2706.56 万元；为 13.74 万名义务教育阶段学生免学杂费补助 1.32 亿元；为 10.44 万名寄宿制学生发放生活补助 1.77 亿元；为 1.47 万名普通高中学生免除学费和课本费；为 13.74 万名农村义务教育学生提供营养膳食补助；为 2967 名中职学生发放国家助学金 632.6 万元。

2018 年年底，四川省凉山州有建档立卡贫困家庭在校生 20.54 万人，占在校生总数的 25.05%。凉山州本专科学生享受每生每年 4000 元的资助金。昭觉、美姑等贫困县多方筹措资金，设立了不低于 300 万元的教育扶贫救助基金。

为保障贫困家庭子女接受教育，促进教育公平，云南省迪庆州打出了学生资助政策组合拳：对贫困大中专学生进行资助，发放高原农牧民子女生活补贴，推行 14 年免费教育，实施农村义务教育阶段学生营养改善计划，开展生源地信用助学贷款，落实中等职业教育享受国家助学金实施，"雨露计划"等，有效减轻了困难家庭经济负担。

甘肃省甘南州根据《甘肃省学前教育免除（补助）保教费实施细则》《关于规范公办幼儿园保育费收费项目标准的通知》，2018 年，落实学前教育在园幼儿免保教费（补助）资金 2528.75 万元，惠及幼儿 2.53 万名；建档立卡免保教（补助）资金 271.07 万元，惠及幼儿 2710 名。落实普通高中国家助学金 1092.42 万元，每生每学年 2000 元，惠及学生 5462 人；落实普通高中建档立卡等家庭经济困难学生（非建档立卡家庭经济困难残疾学生、农村低保家庭学生、农村特困救助供养学生）免学杂费资金 500.04 万元，每人每学年 800 元，惠及学生 6250 人。落实中职国家助学金 252.14 万元，每生每年 2000 元，惠及学生 1260 人；国家中职免学费补助资金 311.92 万元，每生每年 2000 元，惠及学生 1559 人。落实建档立卡省内高职就读学生免学杂费和书本费资金 1315 万元，惠及学生 2590 人。落实普通高校家庭经济困难资助金 11.3 万元，惠及新生 180 人。落实国家助学贷款代偿资金 25.14 万元，惠及大学生村干部 20 人。为 9047 名贫困家庭大学生发放助学贷款 5184 万元。2018 年下达寄宿生生活补助资金 1.39 亿元，目前所有资金已全额落实，惠及学生 8.04 万人。

甘肃省临夏州精准落实各项教育资助政策，坚持把学生资助工作作为教育精准扶贫的重要抓手，严格按照各项程序和规范开展资助工作，通过"免、补、贷、助"四种资助方式，对全州 12.5 万名建档立卡贫困户学生实现了资助全覆盖，全州 40 多万名学生和各级各类学校享受到了近 8 亿元的惠民资金。对 1132 所农村中小学落实了义务教育营养改善计划资金 1.7 亿元，受益学生 22.52 万人。基本上实现了学生资助"一个不能漏 一个不能错"的目标，有力地保障了义务教育阶段学生不因贫困而失辍学。

南疆以和田地区为例，建立并落实全面摸底做到底数清、地县乡校四级数据联动、各县市教育部门与扶贫部门数据动态核查、责任追究督查等四个工作机制，及时开展新学期建档立卡未脱贫家庭学生摸底工作，建立实名制资助台账，按照"一人一档"的原则，确保内容信息准确无误，确保地、县、乡、村、校数据一致。

四、"办好人民满意的教育"逐步实现

据 2019 年民教中心牵头开展的调查评估结果显示："三区三州"深度贫困地区学生、家长、教师对教育扶贫推进教育发展的总体满意度达到了比较满意的水平。其中，当地群众对教育公平、办学条件改善、教育质量提升、教育扶贫惠民政策等满意度较高。

（一）学生、家长、教师等群体对教育发展总体满意

"三区三州"深度贫困地区学生、家长、教师等群体对当地教育发展总体上比较满意，当地教育事业发展形势向好。当地群众对教育质量、教育公平、办学条件、教育扶贫政策成效的满意度指数较高，这反映出"三区三州"深度贫困地区教育事业发展纵向相比取得了突出成绩，即教育质量不断提升、适龄儿童入学机会公平、教育资源均衡配置、办学条件逐渐改善、教育扶贫优惠政策的实效性与精准度不断增强。"三区三州"深度贫困地区教育事业发展与其他地区的差距正在逐渐缩小，民族地区与全国一起实现教育现代化、办人民满意教育的局面正在形成。

教育信息化、教研工作满意度纵向相比较，实现了快速发展。"三区三州"深度贫困地区教育信息化建设从无到有、从点到面、从低层次到高层次不断推进。在国家"三通两平台"政策举措推动下，"三区三州"中小学每百名中小学生拥有 8.9 台电脑，100％ 的中小学都实现了联网，45.3％ 的中小学开通了网络空间，区域基本建立了教育资源公共服务和管理两大平台。62.5％ 的中小学教师认为，信息技术在教学中发挥了较大作用，教师信息技术应用能力明显提升。教育信息化对学校学生、教师和校长的总体满意度感知、教育期望、质量感知和公平感知有着显著的正向影响。教研工作管理机制健全、人员配置合理、人员素质提升、工作职责明确、福利待遇提高的良好局面正在日趋形成。

（二）教育事业发展满意度呈现一定差异

在当地群众对教育事业发展总体较为满意的同时，满意度也呈现出地域、城乡、群体的差异，这表明了"三区三州"深度贫困地区教育发展的短板与劣势。寄宿制学校学生生活条件、教育信息化、教师福利待遇的满意度较低。四川省凉山州、云南省怒江州、西藏自治区是满意度较低的三个地区。乡村教育信息化水平明显差于城市，教育信息化的薄弱环节在于上网速度慢、教学资源欠丰富、信息化设备使用率低、信息资源整合有效性不足、教师信息化素养有待提高。教研员对教研工作的满意度总体偏低，其薄弱环节表现为教研机构以内设机构为主，功能不健全，教研人员进修培训偏少。

（三）增强教育软实力是提升"三区三州"教育发展满意度的主要途径

人民群众对教育事业发展的关注点更加多元，需求层次更加丰富。"三区三州"深度贫困地区在补短板、强弱项、巩固教育脱贫成效的同时，应关注教育软实力水平提高，实现高质量的人民满意的教育目标。近年来，中央财政预算内加大投资支持"三区三州"教育事业发展，使贫困地区的教育办学条件水平得到了较大提高，由此当地群众对办学条件、教育公平、教育期望、教育质量的满意度得到提升，增强了获得感和认同感。但在教育软实力方面，师资短缺、教师队伍不稳定、优质教育资源短缺、教育教学方式创新不足、学生和教师信息化素养不高等问题日渐突出。加之，人民群众在满足了"有学上"的需求后，对"上好学"的需求日益高涨，更加关注教师教学能力和教学方法、办学特色、校园文化、学校管理理念等方面的提升。"三区三州"教育事业发展在保持现行办学条件持续改善的基础上，应进一步加强教师队伍建设、学生资助工作、教育信息资源建设，提高人民群众满意度。

第四章

"三区三州"深度贫困县教育扶贫的主要问题

受自然地理、经济社会、历史文化等多方因素综合影响，"三区三州"深度贫困县教育基础薄弱，教育发展相对滞后，优质资源总量不足，人才培养质量有待提高，推动教育惠民、促进教育公平仍存在诸多短板。教育脱贫攻坚工作面临资源、经济、社会等复杂因素制约，贫困程度深、贫困人口多，教育发展滞后，决胜脱贫攻坚和防返贫的任务仍然艰巨。

一、控辍保学清零仍面临较大压力

受地域环境、经济发展、家庭状况、观念习俗等多种因素影响，失辍学问题屡治屡现，成为"三区三州"深度贫困地区教育脱贫攻坚中最难啃的"硬骨头"。各地通过出台《关于进一步加强控辍保学工作的实施意见》和《控辍保学工作督查方案》等相关制度规定，建立完善控辍保学"六长"[县（市、区）长、教育局长、乡（镇）长、校长、村长（村支书）、家长]责任制等途径开展控辍保学，工作取得了明显进展。例如，四川省凉山州已劝返全部5.89万名失辍学人员。然而由于各种原因，"三区三州"深度贫困县市的辍学矛盾仍未从根本上得到化解。其成因大致包括六个方面：一是地形特点导致就学困难。"三区三州"部分深度贫困地区地理条件复杂，学生上学不便，再加上无正规校车接送，导致学生就学困难且存在安全隐患；高寒、高海拔山区学校取暖困难较突出，师生冬季取暖条件差，教学工作受到影响。二是家长履责不充分。部分学生家长观念陈旧，不重视教育。有些家长法律意识淡薄，只顾眼前经济利益，让孩子过早外出打工，不主动送子女入学。三是学生存在学习困难或厌学心理。部分学生缺乏吃苦耐劳精神，学习不认真，不能克服困难；部分青春期学生有叛逆心理，在学校稍有压力或同学关系不融洽就弃学；来自单亲家庭的孩子、双孤儿童及一些留守儿童，难以融入学校生活，在学习上和心理上都存在不适应，导致学习成绩不佳，放弃求学；部分学生学习困难，逐渐跟不上学习进度、失去积极性导致辍学，劝返后也存在复辍可能。四是学校教育吸引力不足。个别学校教育教学质量、管理水平不高，对学生关爱不够，致使部分学生和家长对学校失去信心，接受教育的积极性降低。五是落后观念习俗的影响。部分地区仍有早婚早育习俗，学生婚育后在客观条件和主观心理上都存在复学困难，其中女性学生因生育而辍学的情况更为突出。六是控辍保学长效机制不够完善，由此产生隐性辍学、特殊学生群体辍学、劝返保学难度大且复辍率高等问题。

（一）地形特点导致就学困难

"三区三州"部分深度贫困地区地理条件复杂、地方财政有限，学校基本无校车，或难以做到政府购买服务提供校车。无正规校车接送，导致学生就学困难且存在安全隐患。如云南省怒江州因地处偏僻、居住分散、交通不便，学生就学较困难，导致易辍学且劝返难度较大。"三区三州"部分深度贫困地区受地形地貌限制，学校办学条件达标成本较高，教学条件不足进一步影响到教学工作开展。高寒、高海拔山区学校取暖期长、取暖设备陈旧、取暖经费不足，师生冬季取暖条件差，教学工作受到影响。如香格里拉市取暖设施设备不足，海拔2600米以上部分乡镇中小学校还未能实现集中供暖，影响到冬季教学工作。

西藏那曲、阿里，青海玉树、果洛等高寒、高海拔地区取暖经费存在较大缺口，冬季取暖面临诸多困难。

（二）家长履责不充分

部分学生家长观念陈旧，不重视教育，有些家长甚至法律意识淡薄，只顾眼前经济利益，让孩子辍学外出打工。或是虽然让子女接受教育，但一旦碰上农忙、旅游旺季等家里忙不过来的时候，便以各种理由给子女请假回家干活，导致子女的学习态度、兴趣和成绩都受到影响。部分留守儿童的家长不能正确对待子女教育，认为教育完全是学校和老师的责任，家长自身不能与孩子保持良好的沟通、给孩子及时充分的教育和引导，导致留守儿童在学习和心理上容易出现问题，造成辍学。部分家长存在"重学历教育，轻职业教育"的心理，宁可让孩子辍学也不愿送到职业学校就读，进一步增加了辍学后劝返的难度。

（三）学生存在学习困难或厌学心理

部分学生因存在学习困难或厌学心理而辍学，难以劝返，或劝返后又因基础差、离校时间长，更加难以跟上进度，进一步失去兴趣，进而反复辍学。部分地区通过引导辍学学生进入职业学校继续学习的手段进行控辍保学，但职业学校所招学生普遍成绩不好、学习兴趣不高，管理难度大，学习氛围受到影响，更加难以扭转学生的厌学心理。留守儿童学习困难问题突出，其自控能力、辨别能力较弱，难以抵制不良诱惑，又没有家长的引导和监管，经常出现"三天打鱼两天晒网"的现象，进一步导致学习成绩和学习兴趣下降。

（四）学校教育吸引力不足

"三区三州"深度贫困地区的教育环境相对落后，再加上教育产生作用的周期较长，导致教育成效不显著，家长对教育的作用有疑虑，学校教育吸引力不足。另外，"三区三州"深度贫困地区大多经济发展滞后，社会能够提供的就业岗位极其有限，有些中、高等院校毕业生就业困难，严峻的就业形势导致农牧区群众更加认为上学无用，一些家长送子女入学的积极性越发下降，倾向于让孩子尽早外出打工或成家。"三区三州"深度贫困地区的学校管理理念比较落后，教师教学方法以死记硬背为主，难以引发学生学习兴趣。学生的国家通用语言文字基础薄弱，导致听不懂、跟不上，多种因素叠加造成学生自身也缺乏学习动力，学校教育吸引力进一步降低，劝返和防复辍难度大。部分已劝返的学生由于辍学时间长、学习基础差、缺乏学习兴趣等，如何"留得住、学得好"成为难题。部分地区仍存在辍学儿童尚未劝返的情况，这些学生大多有着无法联系、外出打工等特殊情况。以推动贫困地区学生就业为目标的职业教育，同样存在吸引力不强的问题。据统计，2016—2017 学年，凉山州 16 所职业学校共有 1188 人退学，占当年招生数的 10.37%。越西县反映，彝区"9+3"中职教育免费计划实施多年，效果并不理想。职业教育难以适应地方产业发展需求，推动学生就业的能力有限，导致职业教育吸引力不强，进一步加大了控辍保学的难度。

（五）落后观念习俗的影响

部分地区仍有早婚早育的习俗，严重影响学生的就学。学生婚育后在客观条件和主观心理上都存在复学困难，其中女性学生因此而辍学的情况更为突出。如云南省迪庆州维西县傈僳族有早婚早育的习惯，部分女童因此辍学，劝返复学难度极大。而且傈僳族孩子要到 8 或 9 岁才去落户口，在影响孩子正常接受义务教育的同时，也给当地贫困人口基数带来不确定性，影响控辍保学工作的开展。

（六）控辍保学长效机制不够完善

现有的控辍保学机制在解决隐性辍学、失联辍学、特殊学生群体辍学、劝返后复辍等问题上缺乏具有针对性的具体措施，劝返难度较大。虽然短期内已将辍学人员劝返复学，但复辍现象依然存在。劝返学生和未入学儿童入学后，因学习基础差距较大，无法同步接受教育，影响到学校正常教育教学工作。部分地区未做好控辍保学后续工作，导致大量学生被劝返后，城镇学校出现大班额甚至超大班额现象，影响学校教学工作的开展。部分地区因控辍保学机制不完善，牵扯了大量精力，甚至影响到了正常的教学工作。

从辍学情况来看，"学籍在校，人不在校"的隐性辍学较为普遍，有的学生因外出打工或居住而失联，无法动员入学。未劝返的学生大多数都属于联系不上、外出打工、已经结婚等特殊情况，动员难度大、任务重。

"三区三州"深度贫困地区由于特殊教育不完善，残疾儿童难以接受正常教育。有的地区采取送教上门的方式解决残疾儿童就学问题，但由于师资紧张、教师压力大，教学效果并不明显。新疆英吉沙县26名失聪失明学龄儿童因该县没有特殊教育学校，兄弟县市特殊教育学校名额又有限，导致无法入学。南疆地区部分县特教学校布局不够合理，义务教育残疾儿童入学率均低于90%。

初中学生辍学及流动和留守儿童失学辍学问题比较突出。由于学习难度增加、学习能力较弱，初中生较小学生厌学情绪更浓，因厌学导致的辍学更是多发。流动和留守儿童由于家长监督较弱、自控辨别能力较弱、学籍管理难度大，就学不稳定现象更加突出。如西藏昌都市无学籍儿童人数多达2.39万人，辍学问题突出，劝返工作压力大。云南省怒江州存在边民回流的特殊问题，边境民众一般都因为政策利好自由流动，没有国籍和户籍，因而无法按照相关程序解决学籍问题，且流动性较大，难以监管，控辍保学工作难度大。有的地方"一生一案"落实不力，针对已劝返学生存在的"留不住、学不好"和反复流失的情况，同样缺乏具体有力的保学措施，对于如何提高保学质量、防止复辍，没有形成清晰的思路，特别是在解决学生辍学时间长、年龄偏大、学习基础和习惯差、跟不上进度、缺乏学习兴趣等实际问题方面，没有针对性措施。

二、学前教育仍处于起步阶段

总体来看，"三区三州"135个深度贫困县的学前教育起步较晚，发展相对滞后，与发达地区学前教育相比还有很大差距。

（一）乡村幼儿园学额不足

乡村幼儿园的学额不足，不能保证所有幼儿入园就读三年。怒江州泸水市、兰坪县幼儿园受学额限制，多数实行混龄教学，且一些幼儿园采取半日走读制。西藏自治区县城幼儿园学位普遍紧张，无法满足适龄儿童入园需求；牧区乡镇幼儿园多为依托乡镇小学附设办学，招收学前一年幼儿，一般不超过40人，大部分学生住宿，受园舍和保教队伍条件限制，规模难以扩大；牧区村级幼儿园学生数一般为10多人，办学经费不足、保教队伍人员短缺问题严重，仅那曲市就有57所新建村级幼儿园因上述原因建成后未投入使用。青海省果洛州幼儿园只覆盖到乡镇一级，且大部分都是乡镇寄宿制学校附设的幼儿园，远不能满足实际需求。再加上大部分牧民居住分散，接送不便，导致不少适龄儿童不能入园，毛入园率低于青海省平均水平。

（二）师资不足

学前教师缺乏编制，无法配齐"两教一保"，大多数乡村幼儿园聘用大学生志愿者做教师，引发相关问题。云南省怒江州志愿者在服务期间的工作生活补贴、社会保险等费用由县级政府支付，每月2000元左右，与在编教师待遇月均差距达到5000元以上，同工不同酬导致志愿者积极性受挫、师资不稳定。迪庆州连续实施两期学前教育三年行动计划，截至2019年12月，在园幼儿10862人，专任教师596人，师幼比1：18.22。同时，教职工队伍很不稳定，现有绝大多数教职工都是临聘人员，月工资平均2000元左右，自动辞职、离职现象较多。青海黄南州尖扎县现有幼儿园教职工342人，其中在编仅13人。西藏自治区全区无幼儿园教师编制，现行的生均公用经费标准和地方财力无法保障西藏特别是牧区学前三年办学的特殊需求，保教人员多为临聘人员，月工资一般为1650元，无"五险一金"，留不住人。截至2018年年底，甘肃省临夏州有公办幼儿园教职工2890人，其中在编人员仅占15.8%，在园幼儿7.96万人，幼师比27.5：1，缺编、缺人矛盾相当突出。2020 年甘肃省甘南州幼儿园总数将超过 600 所，在园幼儿将达到 3.5 万名，还需新增幼儿教师 1600 名。目前藏区学前专任教师绝大多数都是通过政府购买服务方式招聘，非在编学前教师，待遇低，且大部分教师尚未纳入社会保障范畴，导致教师队伍不稳定、流动性大、后续遗留问题较多。

同时，教师专业素质偏低。农村幼儿教师专业素质偏低是普遍性现象，教师数量和结构与国家标准差之甚远。城区幼儿园教师职称指标不足，高级职称比例低，如迪庆州德钦市仅为 13%，影响了教师的工作积极性。

（三）配套设施不完备

由于财政经费有限、地理条件复杂且交通不便，"三区三州"深度贫困地区部分幼儿园存在配套设施不完备的问题。云南省迪庆州大部分幼儿园设施欠缺软质材料保障，存在安全隐患；部分因场地较小，配备的大型玩具无法安装，户外活动开展受限。

三、义务教育办学条件改善仍需克服多重困难

（一）义务教育办学标准化难度大

近年来，在中央和省区的大力支持下，"三区三州"深度贫困县义务教育办学条件得到极大改善。但由于历史欠账过多、州县两级财政能力有限，部分深度贫困县办学条件仍达不到义务教育办学标准。截至 2018 年，在"三区三州"135 个深度贫困县（市）中，仅有 87 个县（市）通过国家义务教育发展基本均衡评估认定，占比为 64.4%，比全国平均数低 28.3 个百分点。依据《中共中央 国务院关于打赢脱贫攻坚战三年行动的指导意见》关于"实现贫困地区基本公共服务主要领域指标接近全国平均水平"的目标，深度贫困县要在 2020 年之前全面通过国家义务教育发展基本均衡评估认定，面临着很大困难。如四川省凉山州仍有 10 个县未通过国家义务教育发展基本均衡评估认定，

其中昭觉县 10 项基本办学条件指标综合得分无一所学校达标。甘肃省临夏州只有 4 个县通过国家义务教育发展基本均衡评估认定，占比仅达 50%。新疆维吾尔自治区区域、城乡之间教育发展存在明显差距，还有 16 个县市尚未通过国家义务教育基本均衡县督导评估认定，全部在南疆。

同时，"三区三州"深度贫困地区多地处高山、高原，学校办学条件达标成本较高。如云南省怒江州受地形地貌限制，全州平地较少，多数学校建设需用地上山，因而建设成本相较于平原地区而言，每平方米多出 500~1000 元，而且在推行义务教育学校标准化建设过程中，易出现生均户外面积和绿化面积不够的问题。

（二）基本办学条件及配套设施不足

中小学校建设资金缺乏，教学楼、学生食堂、学生宿舍等基本办学条件不足，实验室、风雨操场、功能室等短缺。凉山州布拖、美姑、普格、昭觉 4 个深度贫困县的大班额现象突出，昭觉县小学和初中 56 人及以上班级的比例分别为 31.2% 和 89.88%。凉山州寄宿制学校仍有 2 至 3 人一铺、30 人一间的住宿现象，床位缺口小学 5.46 万个、初中 4.13 万个。云南省迪庆州尚未完成危房改造任务，全州学校危房面积还有 3.6 万平方米，其中 66% 为中小学危房。西藏那曲、日喀则西部、阿里东部等地区，平均海拔在 4500 米以上，年平均气温在 −8℃ 以下，全年 8 级以上大风天数有 180 天以上，很多情况下无法在室外正常活动，急需建设一批室内活动场地。南疆策勒县 59 所学校中，仅有 13 所学校田径运动场条件达到红土及以上标准，占比 22%，其余 46 所学校的田径运动场均为沙土跑道。

经费配套不完善，图书、实验设备更新及球场、建筑维护等缺乏经费支持。多数学校基本无校车或难以做到政府购买服务，由于地理条件复杂，无正规校车接送学生，存在安全隐患。高海拔、高寒山区学校取暖期长，取暖设备陈旧，取暖经费不足，影响到师生冬季取暖及教学工作。如迪庆州地处高原，供暖时间长、需求大，地方财政难以保障，目前集中供暖仅覆盖州属学校及香格里拉城区部分学校，香格里拉市海拔 2600 米以上部分乡镇中小学校还未能实现集中供暖。

（三）乡村小规模学校办学成本高

偏远山区教学点办学条件改善任务重。甘肃省偏远农牧区教学点布局少，学生就近入学难。部分教学点还存在办学条件薄弱、教师周转房严重不足、教师紧缺、课程无法开齐开足等现象。甘南州现有 233 个教学点，都处于交通极度不便的偏远山区，虽然规模小，但仍然有存在的必要。经调查，全州有 26 所乡村小规模学校和 36 所乡镇寄宿制学校需要进一步加强建设。

乡镇寄宿制学校办学质量不够高。一是硬件设备老化与重复建设并存，校舍不达标情况仍然存在。二是教师参与后勤管理多，开展教研不足，影响教学质量。三是临聘人员多，稳定性低；缺乏保安，存在安全隐患。四是后勤人员缺乏食品营养知识。

（四）农村义务教育学生营养改善计划享受标准和范围有待调整

自 2012 年春季学期开始，"三区三州"按照"政府主导、因地制宜、突出重点"的原则，全面实施农村义务教育学生营养改善计划，工作成效显著。如西藏山南市 2014 年起将义务教育学校营养改善计划地方试点和国家试点补助标准提高至每天 4 元。2018 年，该市落实义务教育营养改善计划资金 2719.84 万元，受益学生达 3.4 万人。青海省黄南州同仁县 2015—2017 年发放营养改善补助资金共计 1795.3 万元，保障学生在校园"吃得饱、吃得健康、吃得放心、吃得有营养"，促进了儿童少年健康成长。

与此同时，"三区三州"135 个深度贫困县在实施义务教育营养改善计划方面存在以下问题：一是受地域、交通等条件影响，供餐成本高于内地，每生每天补助 4 元的标准仍然偏低。二是受学校布局调整及教育资源不均衡等因素影响，部分农牧民学生转移到县城学校就读后享受不到营养餐补助政策。三是营养改善计划国家试点县大多是贫困县，受经费支持限制，地方政府承担其新增食堂工作人员工资和食堂运行成本的压力大，难以实现餐食供应可持续发展。如以云南兰坪县大米价格为例，2017 年的价格是 2 元/千克，2018 年的价格上涨到 5 元/千克，如果维持原来的经费标准，学生每天的餐食质量必然降低。怒江州由于地处边境且以高山为主，食品供应交通运输成本高，造成学生餐食供应成本增大。

四、职业教育功能发挥仍不到位

近年来，"三区三州"积极发展职业教育，加强技能人才培养培训，扩大中等职业教育招生规模，为教育脱贫攻坚发挥了积极作用。但深度贫困地区受自然环境、人口、经济发展水平等诸多因素限制，职业教育起步较晚、水平较低，功能发挥受限，承担发展教育脱贫一批的兜底能力不足。

（一）职业教育布局不合理，吸引力不强

"三区三州"深度贫困地区职业学校布局不合理，有的县无职业学校，技能培训也做不起来。甘肃省积石山县无职业教育学校，只有1个职业技术教育培训中心，现有教职工51人，全部为文化课教师，无职业技术类专业教师，技能培训很难开展。"三区三州"深度贫困地区职业学校办学条件薄弱，生源数量和质量较低。原始生源大部分是初中的问题学生，厌学情绪较为普遍，流失问题突出。不少群众不重视职业教育，一些家长和学生把职业教育视为"三流"教育，宁愿辍学也不选择就读职业教育，职业学校缺少吸引力。西藏自治区高中教育阶段职普比仅为2.6∶7.4。怒江州 2014 年普通高中招生 2579 人，职业学校招生 898 人，普职比为 1∶0.35，与国家提出的中等职业教育与普通高中教育的招生比例保持大体相当的要求差距较大。青海省黄南州泽库县两所职业技术学校在校生共 537 人，每年招生 140 名左右，90% 为本县籍初、高中毕业生和待业青年，不仅办学规模小，而且专任教师均为临聘人员。凉山州 2016—2017 学年，16 所职业学校共有 1188 人退学，占当年招生数的 10.37%，其中有 1061 人因成绩不好厌学退学。

（二）办学质量不高

"三区三州"深度贫困地区职业学校办学质量不高，普遍存在职教普教化、教学理论化、模式单一化、专业设置单一、缺乏特色且脱离实际等问题。职业学校实训基地不足，南疆喀什地区策勒县职业高中（技工学校）8个专业实训场地总建筑面积不足5000m²，除汽车运用与维修专业外，其他专业实训场地严重短缺。按目前在校生5810人，生均20平方米标准测算，该校建筑面积不应少于11.62万平方米，目前尚缺6.81万平方米。

（三）"双师型"教师短缺，教师素质不高，教学质量较低

西藏自治区部分地（市）职业学校为原师范学校、卫校合并组建，至今一直沿用合并时的编制，现有教师数量不足，中职学校师生比距1：12的要求有较大差距，学校只能采用外聘、借调等途径解决师资短缺问题。"双师型"教师数量少，引进、补充困难，全区"双师型"教师占比不足30%，距国家50%的要求仍有很大差距。根据西藏教育厅对职业院校"双师型"教师的认定标准，西藏阿里地区中等职业技术学校现有专任教师96人，其中"双师型"教师仅有5人，占5.2%。云南省怒江州全州职业学校的"双师型"教师仅占39%。

（四）与产业对接不紧密，与人才市场不衔接

"三区三州"深度贫困地区三大产业发展滞后，就业渠道狭窄，就业层次低、流动性大。中职毕业生返乡就业缺少岗位，面向市场就业率低，多数学生选择继续升学，造成职业教育应试倾向严重。如西藏自治区中职学生培养面临区内区外双重困境：区内中职学校以传统专业为主，实训条件差，缺乏校企合作的社会产业基础，人才培养质量不高；内地西藏中职班人才培养以服务就业为导向，但毕业生基本回区内，行业企业吸纳就业的能力不足，出现升学率、就业率双低的情况。2018年，那曲市、山南市中职学校毕业生继续升学比例分别达60%、80%以上，那曲毕业生直接就业仅占12%。云南省迪庆州以传

统种植业和畜牧业为主，工矿企业服务业少，新增就业岗位少，职业教育毕业学生就业存在困难。越西县职业教育与地方产业的契合度不高，"9＋3"中职教育免费计划实施多年，效果并不理想，目前州内中职学校开设的专业主要以培养汽修、护理、烹饪等方面的人才为主，难以适应产业发展需求。雷波县的学生根据家乡实际情况，热衷农林畜牧等专业，但由于中职学校招生名额有限或没有开设相关专业，学生选择受到限制。

五、教育信息化水平有待提升

教育信息化建设存在的问题主要表现为"三难"。① 接入易维护难。由于缺技术、缺人才、缺资金，目前部分校园网建设仍不规范，一些智慧教室仅作为试点，覆盖范围有限，不能满足现代教育基本需求。② 扩面易提质难。藏区教育信息化工作覆盖面不断扩大，联接度不断提升，但资源整合和创新能力不足，制约教育信息化高质量发展。虽然各地采取多种方式积极探索扩充教育资源，但适应本地学生特点和教育教学需求的高质量信息化教育资源仍然匮乏，很大程度上制约教育信息化高质量发展。③ 上线易下线难。运用线上资源推动线下教育教学质量提高的办法不够多，录得了、下不去、播不出的现象还比较普遍。先进的视听设备更多用于教师课堂录制、上传和申报课题，难以惠及县域内广大农牧区学校和学生，制约教育信息化建设的实际效果。

（一）硬件设备配置不够完善

由于地方财力有限，"三区三州"深度贫困县教育信息化建设仍面临资金短缺的困难。南疆喀什地区莎车县义务教育学校班班通设备覆盖率66.6％，已接入宽带的学校覆盖率仅为56％，学生计算机短缺8209台，班班通设备短缺1713套。伽师县接入互联网的学校比例仅为25.14％，班班通覆盖率仅为55.12％。巴楚县义务教育学校教学及辅助用房面积达标率仅为77.86％，教学仪器设备配备达标率为70.22％，互联网接入率为 45.17%。四川阿坝州全州仅 80% 的学校接通了互联网，仅 52% 的双语班配备了班班通设备，且受条件限制，不能充分发挥应有的效益。按照《阿坝州教育云平台建设方案》，资金缺口 2.1 亿元，目前尚无资金予以保障。西藏那曲市多媒体教室共缺口 1042 间，嘉黎县、安多县、索县、申扎县、巴青县、尼玛县已通网的 164 所学校中，多数学校网络仅连通教师办公区域且带宽为 20 兆，按照国家"千兆进校园、百兆进班级"的要求，那曲 11 个县的校园网覆盖情况都不乐观。青海省黄南州各教学点管理由乡镇中心校负责，因公用经费按实际就读学生数拨付，教学点难以担负高额网络费用和电费，不得已缩减开支，教育信息化难以持续推进。甘肃临夏永靖县校园网建设滞后，仅有 4 所学校建有校园网，全县 22 间原有中小学学生计算机教室需要升级改造，创客实验室、智慧课堂、电子书包等智能化设备普遍缺少。云南迪庆州德钦县幼儿园缺少远程视频系统的信息平台支持，难以进行结对帮扶、教师专业发展和课程建设。

（二）信息化设备利用率低、效能发挥不充分

"三区三州"深度贫困地区"三通两平台"等项目基本实现全覆盖，远程教学系统硬件设备已逐步到位。但是，教师的信息技术运用能力还不能适应课程教学要求，导致许多学校的设备和资源利用率低。一些学校配置的班班通设备，仅仅承担着代替黑板的功能。同时，一些地州、县市受到带宽及校园网覆盖面的限制，数字化校园建设和网络教育资源平台利用无法得到有效支撑。南疆喀什地区巴楚县能应用信息技术进行授课的教师比例为 74.84%。青海黄南州尖扎县尽管已经基本实现校校通、班班通，但由于网速、教学习惯等原因，注册资源平台使用率低。

六、学生资助管理需进一步深化

"三区三州"深度贫困县在全面落实义务教育普惠政策的同时，全力做好困难幼儿补助、义务教育困难寄宿生补助、中等职业教育助学

金、贫困高中生补助及贫困准大学生补助等工作，确保贫困家庭子女有学上、上得起学、不失学。但同时，学生资助管理水平仍有待进一步提高。如四川省阿坝州松潘县对建档立卡贫困家庭学生（本专科及中职校在校生）特别资助项目中，有的乡镇通知网上申请办理时间不到位，导致学生网上申请不及时，甚至因逾期而未申请到此项政策资助。有的乡镇在收集建档立卡贫困家庭学生教育救助基金申请表时审核不到位，存在信息不全等问题，导致教育扶贫救助基金拨付进度缓慢。

七、教师队伍建设面临困难

按照中央的要求，"三区三州"努力加强教师队伍建设，通过多种渠道解决教师数量不足、教师学科结构不合理等问题，促进了各类教育事业的发展，但仍然存在不少亟待解决的矛盾和问题。

（一）教师编制普遍不足，专任教师数量缺口大，音、体、美教师和理科教师普遍紧缺

教师数量不足，而且结构性短缺问题较为突出，音体美、理科、英语和计算机等专业教师紧缺，实验室管理员等教学辅助人员、中等职业技术学校"双师型"教师等普遍短缺，高等学校缺乏领军人物、学科带头人和高端高层次专业人才。寄宿制学校宿管、厨师、保安等人员编制短缺，教师轮流兼职担任，压力很大，分散教学精力。大部分藏区均面临教师学科结构不合理、专业化程度低、专业与所教学科不匹配等问题，特别是音体美、信息技术等专业教师及职业教育"双师型"教师严重不足。如青海省黄南州在园幼儿 13040 人，按照生师比 7：1 核算，应配备教职工 1863 人，其中教师 1242 人，目前仅有教师 820 名，缺 422 名。四川省阿坝州教师总量虽然增加，但相比学生规模仍显不足。按小学 1：19、初中 1：13.5、高中 1：12.5 的师生比测算，共缺编 4042 个，其中美术、音乐、体育、英语、书法和计算机等专业教师紧缺。理塘县中学仅有 24 名编制内教师，其余均为特岗教师

与实习教师，全校仅有 1 个物理老师，音体美教师空缺。甘肃省甘南州现有教师编制中有附加编制 2342 名，因没有按规定下达寄宿生生活管理员编制，寄宿生的管理工作由任课教师轮流兼职担任，一方面加重了任课教师的负担，另一方面很多工作做不到位。各地区面对专任教师不足的问题，不得不利用临聘教师、支教教师、实习生等途径解决。但深度贫困县（市）总体上都面临着较大的财政压力，财政自给率较低，乡村教师生活补助县级配套资金筹措难度较大，特岗教师工资、自聘教师工资由县（市）承担，在落实教师待遇方面面临着较大困难。

部分地区胜任国家通用语言文字教学的教师比例低，开展国家通用语言文字教学面临困难。据新疆和田地区教育局统计，2018 年 3.78 万名正式教师中，不能胜任国家通用语言文字教学的教师有 1.23 万人，国家通用语言文字教育教师缺口 2.4 万人；从学科结构看，小学缺语文教师 0.17 万人，音体美教师 0.28 万人，初中缺语、数、英教师 0.14 万人。新疆克州阿克陶县在 2019 年划拨的 630 个编制数招聘满后，仍缺少能胜任国家通用语言文字教学的教师 1344 名。与此同时，现有的教师中仍有较高比例的人员不能胜任国家通用语言文字教学工作。克州全州16366 名专任教师中，能够胜任国家通用语言文字教学的专任教师7358 人，占专任教师总数的 45%；基本胜任国家通用语言文字教学的专任教师 2395 人，占 14.6%；不能胜任国家通用语言文字教学的专任教师 6613 人，占 40.4%。

（二）教师队伍不稳定，存在"招不来""留不住"的问题

受制于编制紧缺、环境艰苦、工作生活条件差等因素，农村优质师资留不住的现象比较普遍，多数优秀青年教师只要有机会就考调和转行。部分县教师招聘和保留难度大，合格教师"招不来"的同时，还"留不住"。如南疆四地州部分县（市）内招教师流失率较高。据统计，2016—2018 年和田地区学前和中小学教师共计流失 2210 名，流失率达 5.52%。喀什地区塔什库尔干县近三年来从内地自主招聘的62 名教师中，已有 76% 辞职离岗。

（三）教师专业能力不足，工作负担重，专业发展力度不足

"三区三州"深度贫困地区教师教育教学能力和专业素养整体偏低，教育教学观念和教学方法手段相对落后，教学实践能力及实施素质教育能力比较不足。"三区三州"深度贫困地区普遍实行寄宿制，部分小学实行包班制、全托制。财政自给能力有限导致后勤人员工资支付能力不足、人员缺乏，由教师承担寄宿生管理等教学以外的任务，教师工作量激增，挤占其教学、校本教研的时间，教师专业发展受到较大影响。

（四）教师教研人员力量薄弱，影响教研活动的开展

"三区三州"教研工作普遍存在机构不健全、人员配备不足、教研员专业素质不高、工作职能不明确等问题。教研机构属于教育行政部门的内设科室或者与教育科研院所合署办公的还占有一定比例。教研人员数量不足，编制占用情况普遍，一些教研机构的教研员兼任两个或以上学科，工作量较大。教研员专业素质较低，专科及以下学历仍占一定比例；大多数教研员为中级及以下职称。一些教研员教科研经历不足，教科研能力不足，且参加学习培训的机会偏少，后续提升不足，甚至有的教研员从未主持过课题研究，也没有发表过教研论文。一些教研员指出，教研工作职责不清晰，范围宽泛到没有边界，教研员们成为教育行政部门的"救火队"，经常被抽调，哪里需要哪里去，严重影响教研工作的正常开展。云南迪庆州维西县教师发展中心虽然机构健全，但缺乏实质整合和功能优化，教学人员参差不齐。该中心共23名教师，其中在教育体育局（教改办）工作12人，在扶贫点工作队2人，剩下9人中接近退休人员5人，只能从事日常上传下达工作，没有真正发挥应有的职能作用。

第五章

"三区三州"深度贫困县教育扶贫的对策建议

党的十九大以来,习近平总书记对打赢脱贫攻坚战、加快推进教育现代化、建设教育强国、办好人民满意的教育作出了明确指示。"三区三州"深度贫困县要深入贯彻落实中央决策部署,进一步强化党对教育的全面领导,在决胜教育脱贫攻坚的基础上,重点推进义务教育优质均衡发展,补齐办学条件、师资队伍、教学资源等薄弱短板,提高教育质量,进一步缩小发展差距,统筹推进城乡教育一体化发展,推进教育现代化,着力办好人民满意的教育。

一、全面加强党的领导,推动教育事业健康发展

坚持党对教育事业的全面领导。各级党委和政府必须以习近平新时代中国特色社会主义思想为指导,全面贯彻党的教育方针和民族政策,坚持马克思主义指导地位,坚持中国特色社会主义教育发展道路,坚持社会主义办学方向,深刻理解和牢固树立"办好人民满意的教育"的重大意义和教育目标,全面加强党对教育工作的领导,提高科学决策水平,推动"三区三州"教育事业科学健康发展。各级教育行政部门和各级各类学校的党组织要把党的领导摆在兴教治校首位,增强

"四个意识"、坚定"四个自信"、坚持"两个维护",自觉在政治立场、政治方向、政治原则、政治道路上同党中央保持高度一致。各级各类学校党组织要把抓好学校党建工作作为办学治校的基本功,把党的教育方针全面贯彻到学校工作的各个方面,全面落实党中央对教育工作的各项要求,切实履行好立德树人、培养德智体美劳全面发展的社会主义建设者和接班人的神圣使命。

始终不渝坚持和落实教育优先发展战略。"三区三州"各级政府要发挥主体地位,高度关注民生、关注教育,明确教育优先发展的战略地位,集中人、财、物力优先保障教育事业发展,巩固发展教育扶贫攻坚成果,持续发挥教育"扶志""扶智"的功能。进一步加大政策倾斜力度,围绕学前教育、职业教育、教师队伍、教研工作四个薄弱环节和寄宿制学校、农村小规模学校、"一村一幼"三个建设重点,制定针对性政策措施,统筹部署、突出重点、分类指导、精准施策。在继续加强学校硬件建设的同时,更多关注学校管理效能、教育教学创新、教师专业发展、校园文化建设等"软实力"建设,促进教育均衡、科学、可持续发展。国家有关部门继续加强对"三区三州"教育事业发展的指导和支持,公共财政优先划拨,人才优先引进,困难优先解决,典型优先宣传,切实把教育放在优先发展的战略地位。对"三区三州"地方政府、教育部门和各级各类学校贯彻落实国家教育方针、教育扶贫政策、学校管理法规、经费保障制度等加强监督、检查、评估、指导和帮助,加强国家对"三区三州"教育事业发展的全面管理,以保障教育精准扶贫政策的成效,提高教育质量,促进教育事业的健康发展。

尊重教育规律,促进"三区三州"教育事业科学健康发展。要认真贯彻习近平总书记关于"遵循教育规律"的重要指示,认真研究并遵循教育教学、学生身心发展、人才培养、语言习得、学习认知等规律,坚持按教育规律办教育,让教育真正成为培养人的事业。各级党政主要负责同志要主动关心教育、研究教育、过问教育。各级政府要深入研究"三区三州"区情民意,准确把握教育现状和发展需求,充分考虑"三区三州"深度贫困地区群众对高质量教育的需求不断增长的实际，针对"三区三州"教育事业发展的薄弱环节和短板，按照教育规律，做好顶层设计，加强制度创新，科学选择发展路径和发展模式，提高教育教学管理水平，把"办好人民满意的教育"落到实处。进一步加大政策倾斜力度，充分考虑地区差异和特点，加强政策的针对性，统筹部署、突出重点、分类指导、精准施策，坚持"一县一策""一校一案"，补缺口、强弱项，使"三区三州"学前教育、职业教育、教师队伍、教研队伍等薄弱环节得到有效改善。学校内部加强管理，学生管理、教育教学活动、教师专业发展管理、教师绩效考核等严格按照教育规律安排，加大校园文化建设力度。不断增强教育事业发展的"软实力"，促进"三区三州"教育事业科学健康发展。

> 坚持党对一切工作的领导。党政军民学，东西南北中，党是领导一切的。必须增强政治意识、大局意识、核心意识、看齐意识，自觉维护党中央权威和集中统一领导，自觉在思想上政治上行动上同党中央保持高度一致，完善坚持党的领导的体制机制，坚持稳中求进工作总基调，统筹推进"五位一体"总体布局，协调推进"四个全面"战略布局，提高党把方向、谋大局、定政策、促改革的能力和定力，确保党始终总揽全局、协调各方。
>
> ——摘自党的十九大报告

二、继续加大教育投入，加强教育薄弱环节建设

坚持中央财政和省级财政为主的教育投入体制，进一步加大教育专项转移支付力度，不断提高"三区三州"教育保障水平。

（1）充分重视地域、城乡、群体差异，加强政策的针对性。"三区三州"深度贫困县教育事业发展不平衡，而且调研表明，有些贫困县已经实现硬件配置基本达标，有些贫困县仍在为基本办学条件改善而努力。因此，在加大对"三区三州"深度贫困地区政策倾斜力度的同时，要放弃"一刀切"，加强政策的针对性，做到因地制宜、精准施策。已经通过义务教育基本均衡评估认定的地区，需进一步完善办学

条件，补短板、强弱项，补齐文体活动场馆、功能教室、师生生活用房等校舍缺口，配齐配足各类教学仪器设备，更新教育信息化设备，创造条件向优质均衡发展迈进。对于办学条件尚未达标的地区，中央和地方各级资金要继续倾斜，根据测算办学资源缺口，重点给予特殊支持，全面推进学校特别是义务教育学校基本办学条件达标建设，尽快实现学校办学条件硬件建设基本达标。适度扩大地方对转移支付的自主支配权，增加教育经费统筹的灵活性，确保各地方政府根据本地教育发展实际灵活调配经费，把经费用在最需要的地方。

（2）充分重视教育事业发展的整体性，加强政策的系统性。评估发现，目前"三区三州"深度贫困地区学校基本办学条件已经得到明显改善，但问题在于配套设施不到位。如云南省怒江州新建学校校舍建起来了，围墙、大门缺乏经费；功能教室、实验室、操场修好了，教学器材、实验药品及器材、体育设施不配套。同时，不少地区的信息教室电脑配齐配足了，但设备维护、维修、更新换代缺乏经费保障，设备老化严重，影响使用频度与效率。教师培训经费保障不足、教育教学资源缺乏、实践活动开展支持不足，也是较为普遍的问题。这些都体现出教育事业发展的系统性不够，制度保障的系统性不足。针对此类情况，应对"三区三州"深度贫困地区教育发展进行统筹规划，坚持中央教育投入的主体主导地位，进一步加大一般性转移支付和教育专项转移支付力度，对硬件建设、配套设施购置、设备维护更新、教师培训、教学资源开发等环节提供全面的制度保障、充足的经费保障。

（3）充分重视群众对教育发展需求的多层次性，加强政策的实效性。通过群众对"三区三州"深度贫困地区教育事业满意度的评估，我们发现群众对教育事业的期望与需求在不断提高，已经由"有学上"逐渐转变为"上好学"。这个变化要求我们要充分重视"三区三州"深度贫困地区群众对高质量教育的追求，对学校办学条件、教育教学质量、优质教育资源共享等多方面更高层次的需求，高度重视各类倾斜政策的实效性。聚焦"三区三州"师资短缺、教师队伍不稳定、教育资源利用不充分、教育质量不高、师生信息化能力不强等突出问题，制定针对性、可行性、实效性强的政策，推动教育内涵式发展。政策支持在保持办学条件持续改善的基础上，加大对教师队伍建设、学生资助、教育信息化建设的倾斜力度，着力改善薄弱环节。同时，积极探索建立政策执行评估机制，对政策的实效性进行科学评价并及时加以改进。

（4）持续改善乡村小规模学校和乡镇寄宿制学校建设与管理，努力缩小城乡差距，加强政策的公平性。由于"三区三州"深度贫困地区多山区、牧区，交通不便，人口居住较为分散，乡村小规模学校和乡镇寄宿制学校是在现有状态下保障适龄儿童入学机会平等的有效办法，是地广人稀办教育的必经之路。四川凉山等地区的实践经验表明，乡村小规模学校和乡镇寄宿制学校可以有效避免因路途遥远交通费负担过重、家长接送不方便等原因造成的辍学。同时，"三区三州"深度贫困地区留守儿童较多，寄宿制学校可有效减少隔辈教育带来的问题，对于学生生活学习习惯养成、学习兴趣激发、学业成绩提高、同伴交往发展等都具有积极作用。因此，各级政府和教育部门要充分认识乡村小规模学校和乡镇寄宿制学校的必要性与重要作用，持续改善乡村小规模学校和乡镇寄宿制学校的办学条件，努力缩小城乡差距。在调研中我们了解到，一些寄宿制学生及家长满意度低于非寄宿制群体，表明这些寄宿制学校办学条件、生活条件仍是弱项，亟需补齐短板。按照寄宿制学校规划及建设标准，根据实际需求对已有的寄宿制学校进行改扩建，从根本上解决"大班额""大通铺"问题，同时根据易地扶贫搬迁和城镇化发展需要规划新建一批标准化寄宿制学校，使所有寄宿制学校办学条件全面达标、满足需要。提高生均公用经费标准，制定小规模学校建设管理规范，按照"够用、安全、配套"原则进一步改善办学条件，实现教学及辅助用房、生活设施、仪器设备、信息化条件和图书等配套达标，提升办学质量。不断完善乡村小规模学校和乡镇寄宿制学校的队伍建设，提高教育管理水平。与此同时，要注重打造好两支队伍：一支是专任教师队伍，要高度重视乡村小规模学校和教学点的教学工作，通过专兼职教师、全科教师等方式开齐开全国家课程，并充分利用国家、省区、地州、县市各级教师培训资源，提升教师专业能力；一支是管理及后勤服务队伍，要进一步建立完善管理制度，明确岗位职责，落实经费保障办法，合理配齐厨师、校医、保安等管理服务人员，为寄宿制学生的生活做好保障、服务工作。要加强学生管理，建立健全学生关爱服务机制，及时发现、疏导学生在校学习生活中遇到的情绪、心理、学业困难，让学生学习在学校、生活在学校、成长在学校。

教育部：全面改薄工作总体进展顺利
实现时间过半任务过半

按照中央全面深化改革领导小组审议通过的《全面改善贫困地区义务教育薄弱学校基本办学条件工作专项督导办法》，2016年10月，国务院教育督导委员会办公室按照"双随机"原则，组织由国家督学、全国人大代表、政协委员和有关专家组成14个督导组，对29个省份全面改薄工作进展成效、质量管理、保障体系和公开公示情况进行了实地督导。

督导发现，全面改薄工作启动实施以来，中央累计投入专项资金978亿元，带动地方投入2300多亿元，有力保障了工程建设进展。各地积极主动作为，精准改善办学条件，以工程为依托推动薄弱学校改造的整体功能提升，成效明显。一是基本教学条件显著改善，全国新建、改扩建校舍面积1.23亿平方米、室外运动场地1.12亿平方米，购置学生课桌椅2284万套、图书3.38亿册，实现了五年规划时间过半，学生自带桌椅、D级危房上课等现象在绝大部分地区已消除。二是学校生活设施全面改善，全国购置生活设施设备1157万台件套，有力改善了农村学生住宿、用餐、饮水、洗浴条件。三是城区大班额得到有效控制，2015年全国义务教育阶段有66人以上的超大班额17.3万个，比2013年减少3.57万个，减幅17%。四是教学点办学条件得到有效保障，全国共投入146.6亿元，建设教学点校园校舍756万平方米，购置了价值25.5亿元的设施设备。五是教育信息化水平大幅提高，中小学实现宽带接入比例达到87%，配备多媒体教学设备的中小学比例达到82%，每百名学生拥有计算机11.56台，比2013年增加2.31台，增长25%。六是农村教师队伍素质明显提升，2016年中央投入21.5亿元，实施中西部项目和幼师国培项目，培训教师约160万人次，农村教师的专业化水平得到有效提升。

三年来，各地从最困难的地区和条件最差的学校做起，全面改善薄弱学校基本办学条件，着力推进教育资源均衡配置，大大缩小了城乡、校际差距，有力夯实了义务教育均衡发展的根基。截至目前，全国已有1824个县级单位通过了义务教育发展基本均衡县国家评估认定，其中上海、北京、天津、江苏、浙江、广东、福建7省份整体通过，为统筹推进县域内城乡义务教育一体化改革发展奠定了良好基础。网络测评显示，全国师生对全面改薄工作综合满意度为79%，社会满意度较高，广大师生对教室、食堂和图书等方面满意度较高，对改善学校厕所条件及缩小校际办学条件差距等还有更高期待。

——摘自《教育部：全面改薄工作总体进展顺利 实现时间过半任务过半》，http：// www. gov. cn/xinwen/2017 - 02/15/content_5168101. htm

三、加强教师队伍建设，为教育发展提供人力资源保障

习总书记在全国教育大会上提出"坚持把教师队伍建设作为基础工作"，教师是立教之本、兴教之源，教师队伍建设是"三区三州"深度贫困地区教育事业发展的持久动力与保障。

（1）盘活增加教师编制，多渠道增加教师数量，着力优化教师队伍结构。在现有编制总量内，统筹考虑、动态调整、合理核定教职工编制。盘活事业编制存量，优化编制结构，向教师队伍倾斜。灵活应用教师编制管理规定，对于人口变动较大的县市，要根据学生变化情况，2～3年核定一次教师编制。对于边远农牧区、山区小规模学校实行编制倾斜政策，按照班师比与生师比相结合的方式核定教师编制。采取多种形式增加教师总量，农村教师特岗计划总量向"三区三州"

倾斜，用好对口支援西藏、新疆、青海等工作机制，落实万名教师支援新疆、西藏计划，实施好"三区人才支持计划教师专项计划"，鼓励发达地区向"三区三州"深度贫困县对口支教帮扶，缓解贫困地区教师短缺矛盾。"三区三州"县级教育部门要全面掌握教师队伍现状，针对音体美等学科教师短缺的现状，采取富余学科教师跨学科培训后调剂使用。省级财政对政府购买教育工勤服务、满足寄宿制学校后勤需求等做得好的深度贫困县，予以重点奖补。重新核定教师编制。根据藏区实际，适当增加藏区中小学，尤其是学生数 100 人左右的小学校教师编制。建议在四省藏区部分地区试点实行"生师比 + 班师比"标准，解决教师结构上的问题。

（2）做好教师培养培训工作。立足实际，研究制定"三区三州"教师队伍建设专项规划。创新教师培养培训模式，以"适应性、实用性、稳定性"和"全科型"为基本要求，以本地生源为主、专科层次为主、公费培养为主和定向到县的"三主一定向"为培养模式，面向农村寄宿制、小规模学校和农村幼儿园培养一批进得来、用得上、留得住、教得好的教师。加大本土教师培养力度，重视乡村本土教师的培养和补充，防止贫困地区教师出现断层、断流现象。国家指定高水平师范院校对口帮扶"三区三州"师范院校，将国家免费师范生政策延伸到"三区三州"师范院校，支持"三区三州"省区属师范院校举办专科层次全科师范教育专业，公（免）费师范生安排一定比例的定向计划，为深度贫困县乡村学校及教学点培养"一专多能"教师。师范院校要紧密结合"三区三州"教师需求计划和对教师业务素质的要求，研究改进培养培训计划、调整课程设置，改革传统的培养模式，努力提升人才培养质量。建立师范院校和用人单位共同参与、师范院校招生与教育部门招聘教师合理衔接、职前培养与职后培训一体化，共同研究制订计划、共同实施培养培训、共同考核评价的机制。通过定向招生方式实行订单式培养，用人单位参与师范生的职前培养，并提供见习、实习平台，联合培养。在国家层面实施面向藏区的免费师范生政策，在教育部直属的六所师范院校，采取定向招生、定向培养方式，为藏区培养一批专业性强、综合素质优良的师范教师。在省级层面实施省级免费师范生培养计划，在省内高等院校开设师范专业，采取定向招生、定向培养方式，为藏区培养优秀教师队伍。

职后培训由中小学校与师范院校、教研室联合开展，精准把握培训需求，科学设置培训项目，创新开展协作式情景化培训，针对"三区三州"教育教学的真实情境，有的放矢，提高培训的有效性，使职前培养与职后培训有序衔接。在中东部省份设立教师培养培训基地，选择若干所省属师范院校，教育部给予一定政策和经费支持，安排定向招生计划，每年为"三区三州"培养一批中小学师资，培训一定数量的骨干教师和转岗教师。加强教师队伍的管理与领导，高度重视师德师风建设，构建师德师风全方位、立体化的组织领导机制，建设教师职业道德规范培训、考核、评估、检验反馈机制等，促进教师职业道德、敬业爱岗奉献精神的提升。大力宣传教师乐于奉献、关爱学生等师德师风的优秀事迹，发挥典型榜样的引领作用，在全社会进一步营造尊师重教的良好氛围。

（3）加强教研队伍建设。从学科带头人中选拔一批专职教研员，从骨干教师中确定一批兼职教职员，深入教学一线，指导教研工作。

（4）提高教师待遇，加大政策倾斜力度，吸引优秀教师在"三区三州"深度贫困地区长期从教，引得进来、留得下来。扎实落实乡村教师享受艰苦边远地区津贴、乡镇工作补贴、集中连片特困地区乡村教师生活补助等政策，依据学校艰苦边远程度实行差别化补助。对高寒、高海拔地区教师安排定期体检。加快乡村教师周转宿舍建设，按规定将符合条件的教师纳入当地住房保障范围，让乡村教师住有所居。建立面向藏区的教师终身从教奖励基金，对在藏区工作满一定年限的专业教师给予物质奖励，稳定教师队伍。

（一）受援范围。国家确定的连片特困地区、国家扶贫开发工作重点县、省级扶贫开发工作重点县及各地确定的其他深度贫困地区、新疆生产建设兵团困难团场，重点向"三区三州"等深度贫困地区倾斜。各省不得将支教教师派往非贫困地区。

（二）选派数量。2018年全国计划选派24026人，其中义务教育阶段计划选派 22910 人，非义务教育阶段计划选派 1116 人，各项目省（区、市）选派名额见《"三区"人才支持计划教师专项计划 2018 年度选派教师计划表》（附件 1）。

（三）选派要求。原则上选派中级以上专业技术职务的骨干教师，幼儿园教师可适当放宽条件，学校管理人员应具有较强的组织领导能力和丰富的学校管理经验。支教以全日制工作形式为受援地提供服务，时间为 1 年，鼓励延长支教时间或留任工作。自 2018 年 9 月起，按照学年开展选派工作。

大学生实习支教、农村义务教育阶段学校特设岗位计划不列入选派范围。短期的基层巡讲和支教、试用期教师也不列入选派范围。

（四）选派形式。鼓励以"组团式"形式选派教师及教育管理人员。专任教师主要承担学科教学和班级管理任务，组织教研活动开展业务培训和教学指导，充分发挥骨干示范作用，与当地教师形成教学团队，带动受援学校整体提升学校教学水平和育人管理能力，教育管理人员主要从事学校管理工作，推动受援学校全面提高教育教学和管理水平。受援学校要组织教师、管理人员与支教教师结对跟学。

（五）选派范围。选派教师主要由各省、自治区、直辖市和新疆生产建设兵团在本行政区域范围内调配，调动省会城市、中心城市、非受援县的优质教师资源支持省内受援县。"三区"县数量较多的省份，在派出教师范围上可适当放宽条件，采取市支持县、县支持乡的方式予以解决。

人才资源相对薄弱的省区，可以通过援疆、援藏、援青机制以及依托扶贫协作、对口支援、结对帮扶等渠道，商支援省（区、市）解决。

——摘自《教育部办公厅关于做好 2018 年"三区"人才支持计划教师专项计划有关实施工作的通知》，http：//www. moe. gov. cn/srcsite/A10/s7151/201805/t20180514_335852. html

四、推进教育信息化建设，跨越"新数字鸿沟"

推进教育信息化建设，运用先进的技术手段改变"三区三州"教育信息化"跟随""模仿"的发展模式，跨越"数字鸿沟"，整体推进"三区三州"教育实现高质量发展。

（1）理念转变。提高"三区三州"教育信息化满意度、解决"新数字鸿沟"问题，需要突破"梯度理论"束缚，跳出循规蹈矩、按部就班的"跟随""模仿"发展理念与思维模式，树立"跨越式发展"思维。从供给侧进行结构性变革，优先在"三区三州"深度贫困地区试用最新技术，部署5G、人工智能、大数据、云计算等技术与设施，建立云端学校，重构"三区三州"教育生态和服务体系，整体推进"三区三州"教育实现高质量、大跨越发展。加强综合保障，加快补齐硬件设施短板。在"国家智慧教育示范区"建设工作中，加大对"三区三州"的倾斜力度，不断加强技术、人才、资金保障。将教育信息化作为教育投入的重点领域，推动较大规模学校校园网规范化建设，加快智慧校园、智慧教室建设。加强数字教育资源整合共享，促进提质扩容。

（2）政策支持。设立国家"三区三州"教育信息化专项基金，实现精准扶贫、可持续发展，做到"一县一案、一校一计划"。建立行政＋科研＋企业驱动机制，政府教育行政部门制订计划、综合协调、提供保障；科研部门发挥专业优势把教育需求转化为建设方案；企业提供产品，并给予一定投资或资源支持，形成多方联动、优势互补、共同管理新机制，充分发挥政府强有力的推动能力与科研人员专业指引的作用。建立教育资源、数字平台跨地区共享机制，引导、鼓励各地区资源共享，避免各自为政、重复建设。构建当地网络覆盖范围、带宽和费用等方面的支持政策，确保数字化校园建设、网络教育资源平台运行和信息化设备维护顺利开展。加强学校信息化专业队伍建设，建立一支教育信息化专职队伍，明确工作职责，适应新时代学校信息化建设发展需要，保障教育信息化工作健康、稳定发展。加强教师培训，提升教师信息化运用能力。通过培养、培训，推动教师熟练掌握、合理运用信息化教学资源，提高教学和教研水平。

（3）技术突破。利用5G、人工智能技术，构建云端学校，促进"三区三州"教育高质量、大跨越发展。云端学校将重构学生与教育的连接，为学生提供"互联网＋"时代新型教育供给方式，让优质教育资源共享变为现实。利用智能教学系统，进行课堂教学改革，实现"一生一案""一生一课程"的学习服务，让"三区三州"深度贫困地区学校有技术、用技术、促进有意义学习。

（4）教学模式创新。加强教学组织，增强信息化资源利用实效。通过加强线下教学管理提升对线上优质教育资源的利用率。紧扣课堂教学这一关键环节，扎实抓好教学质量提升工作。利用互联网促进优质学校与薄弱学校对接。积极探索统一教学计划、统一课表安排、统一教学进度等教学方法。推广全日制远程教学模式（同步课堂/专递课堂）。解决"三区三州"优秀教师缺乏问题，通过卫星、网络等现代信息技术，将城市优秀教师的智慧辐射到边远、民族地区学校，以达到城乡学生"异地同堂"、共享城市优质教育资源的目的。开设太空农园、动漫创作、机器人课程、STEAM课程、创客等，不断创新空中课堂，激发学生学习兴趣，培养创新精神和实践能力。

（5）发挥信息技术多功能。实施"学困生"帮扶计划，推动"控辍保学"工作。利用智能教学系统帮助"学困生"脱"困"，发挥智能教学系统生动形象的特点，逐渐吸引学生，提高学生的学习兴趣、自信心、专注力、思考力等，促进学生学业成绩的提高。开设音体美空中课堂，运用在线方式引进高水平教师。通过空中课堂将国内优秀教师"请入"云端学校，通过"带你学唱歌""带你学画画""带你学武术""带你学书法"等在线课程，解决"三区三州"深度贫困地区音体美教师缺乏、补充难的问题。

（一）基本目标

通过实施教育信息化2.0行动计划，到2022年基本实现"三全两高一大"的发展目标，即教学应用覆盖全体教师、学习应用覆盖全体适龄学生、数字校园建设覆盖全体学校，信息化应用水平和师生信息素养普遍提高，建成"互联网＋教育"大平台，推动从教育专用资源向教育大资源转变、从提升师生信息技术应用能力向全面提升其信息素养转变、从融合应用向创新发展转变，努力构建"互联网＋"条件下的人才培养新模式、发展基于互联网的教育服务新模式、探索信息时代教育治理新模式。

（二）主要任务

继续深入推进"三通两平台"，实现三个方面普及应用。"宽带网络校校通"实现提速增智，所有学校全部接入互联网，带宽满足信息化教学需求，无线校园和智能设备应用逐步普及。"优质资源班班通"和"网络学习空间人人通"实现提质增效，在"课堂用、经常用、普遍用"的基础上，形成"校校用平台、班班用资源、人人用空间"。教育资源公共服务平台和教育管理公共服务平台实现融合发展。实现信息化教与学应用覆盖全体教师和全体适龄学生，数字校园建设覆盖各级各类学校。

持续推动信息技术与教育深度融合，促进两个方面水平提高。促进教育信息化从融合应用向创新发展的高阶演进，信息技术和智能技术深度融入教育全过程，推动改进教学、优化管理、提升绩效。全面提升师生信息素养，推动从技术应用向能力素质拓展，使之具备良好的信息思维，适应信息社会发展的要求，应用信息技术解决教学、学习、生活中问题的能力成为必备的基本素质。加强教育信息化从研究到应用的系统部署、纵深推进，形成研究一代、示范一代、应用一代、普及一代的创新引领、压茬推进的可持续发展态势。

构建一体化的"互联网＋教育"大平台。引入"平台＋教育"服务模式，整合各级各类教育资源公共服务平台和支持系统，逐步实现资源平台、管理平台的互通、衔接与开放，建成国家数字教育资源公共服务体系。充分发挥市场在资源配置中的作用，融合众筹众创，实现数字资源、优秀师资、教育数据、信息红利的有效共享，助力教育服务供给模式升级和教育治理水平提升。

五、加强教研机构建设，为提升教育质量提供指导和服务

（1）做好顶层设计，健全和完善"三区三州"教研工作网络体系。深入贯彻落实国家关于教研工作的要求，加强教研机构建设，完善国家、省、市、县、校教研体系。国家教研部门系统谋划、整体推进、专业引领全国教研工作，确保全国教研工作凝聚共识、形成合力；省级教育行政部门要根据全面深化基础教育课程改革的总体要求，对省、市、县级教研部门职责做出明确规定，构建分工明确、各有侧重、协调配合、相互支持的工作体系。逐渐完善教研工作常规管理机制。制定教研员专业标准，完善并严格实施教研员准入制度，严把教研员入口关，建立教研员交流、退出机制。各级政府将服务教研纳入教育行政管理的日常工作，明确教研指导责任区负责人，健全责任区工作制度，建立责任区考评机制。鼓励区域教研指导责任区之间的交流与合作，倡导分片联合的教研活动，分享经验，共同发展。

（2）加强教研员队伍建设，提升教研员专业素养。各级政府要根据学校（幼儿园）数量配备专职教研员，承担辖区内教育教学指导。合理构建教研指导网络，建立健全省—市—县—乡—校（园）教研指导网络，组建覆盖辖区内所有学校的教研指导责任区。鼓励各地聘请当地学科带头人、优秀校（园）长、骨干教师、高校或科研部门专家学者等担任兼职教研员，壮大教研队伍。各级政府要根据国家相关要求，将教研员培训纳入继续教育规划，培训时间和次数不少于国家规定。改进完善教研工作方式，将教学研究工作的重心下移到学校，积极调动与整合高等院校、科研院所等各种专业学术力量，构建专业支持体系，以区域教研、联片教研、网络教研等多种形式，营造广泛参与、合作交流、民主开放的工作氛围，切实解决学校教学活动中的实

际问题，全面推进校本教研制度建设。

（3）持续改善保障条件，进一步调动教研员积极性。推进教研员职称制度改革，各地根据教研员的岗位职责和工作特点，研究符合教研员实际的职称评定标准。加强教研经费保障力度，各级政府要加大对教育教研的投入力度，建立教育教研专项经费，切实保障教研工作经费随教育事业的发展逐步增加，确保教研机构日常运转和组织开展重要教研课题研究的经费需要，并对学校开展教研工作给予经费支持。加强经费监管，确保专款专用，提高经费使用效益。

加强教研队伍建设

严格专业标准。严格教研员准入制度。教研员一般应具备以下基本条件：（1）政治素质过硬。牢固树立"四个意识"，坚定"四个自信"，坚决做到"两个维护"，认真贯彻党的教育方针。（2）事业心责任感强。有教育理想和教育情怀，热爱教研工作，自觉为提高基础教育质量贡献智慧。（3）教育观念正确。遵循教育规律和学生身心发展规律，坚持德智体美劳全面培养，积极践行发展素质教育。（4）教研能力较强。具有扎实的教育理论功底，教学经验丰富，原则上应有6年以上教学工作经历，具有中级以上教师专业技术职称，在教育教学上取得优异成绩。（5）职业道德良好。遵守教研工作学术道德，作风民主，有较强的服务精神，善于听取和总结基层经验，勇于探索教育教学改革创新。各省级教育行政部门可从实际出发，进一步明确各级教研员准入条件。

认真遴选配备。严格按照专业标准和准入条件完善教研员遴选配备办法。建立专兼结合的教研队伍，省、市、县三级教研机构应按照国家课程方案配齐所有学科专职教研员，有条件的地方应分学段配齐所有学科专职教研员；各级教研机构可在中小学或其他相关机构聘请若干名符合条件的兼职教研员。优化教研队伍年龄结构，及时遴选优秀年轻教师充实教研队伍，保持教研队伍充满活力。建立专职教研员定期到中小学任教制度，教研员在岗工作满5年后，原则上要到中小学校从事 1 学年以上教育教学工作。对于不履行教研职责、违背教研员职业道德、不适宜继续从事教研工作的教研员，应及时调整出教研队伍。

促进专业发展。加强教研员培训，将其纳入教师"国培计划"，教育部每年组织骨干教研员国家级示范培训；省、市、县级教育行政部门要建立教研员全员培训制度，每位教研员每年接受不少于72课时的培训。各级教育行政部门和教研机构，要根据教育教学改革需要，设立若干重点研究项目，组织教研员开展课题研究，提高教研能力和教学指导水平。教研员专业技术职称原则上执行中小学教师职称系列，也可根据自身情况，选择社会科学研究系列；各地要充分考虑教研员岗位专业要求高、指导责任重的特殊性，适当提高教研机构专业技术高级岗位比例。依法依规保障教研员工资待遇，对做出突出贡献的教研员应予以表彰奖励。

——摘自《教育部关于加强和改进新时代基础教育教研工作的意见》，http：// www. moe. gov. cn/srcsite/A06/s3321/201911/t20191128_409950. html

先行先试，教研培训迈出第一步①

理县虽然在 2018 年实现了整县摘帽，但是仍然面临着如何巩固提升脱贫成果、如何解决好在全面建成小康社会过程中教育面临的困难等问题。教育部民族教育发展中心以教研为抓手，通过先行先试，力争提升教育质量。

以提升内涵质量、提升管理水平为突破口，教育部民族教育发展中心先后赴理县举办两届中小学教育教学管理工作研讨会。来自阿坝各县市及理县中小学的校长、教师、教研员参加会议。教研会议围绕理科教学质量提升、小班化教学与管理、信息技术条件下的教学、民

---

① 理县是民族教育先行先试改革试验区。教育部民族教育发展中心对理县开展全方位的指导。《中国民族教育》组织专栏对此进行过报道。

族文化进校园、乡村教研等问题进行研讨交流。理县"一校一品"校园文化建设研讨会，组织专家开展了"构建校园文化、打造一校一品"主题宣讲、优质学校品牌创建成果分享和沙龙活动，来自全国各地的30余名知名专家、教研员、优质学校校长和教师，还深入理县受帮扶学校进行了针对性的指导和现场教研，共同研究"一校一品"校园文化建设方案。多次教研会议惠及教师、校长及教研员1200余名，取得了较好效果。

一、举办教研培训活动，打造骨干教师团队

为贯彻党中央作出的全力打赢脱贫攻坚战的重大决策部署，做好"三区三州"深度贫困地区教育扶贫工作，进一步落实好《理县民族地区教育发展先行实验区建设规划》，提升理县教师的教研能力与教学水平，2019年4月22—26日，教育部民族教育发展中心主办了以"精准扶贫——民族教研在行动"为主题的理县学科教师教材及课程标准教研培训活动。

此次活动培训范围包括学前教育和小学、初中的语文、数学、英语三门学科，以"扶贫先扶智"、激发教师内生动力为核心，以掌握课程标准、熟悉教材教法、提升课程实施能力为重点，以提升参训教师教研和教学能力为目标，力图通过高质量的教研活动给理县教研提供专业引领，有效推进本土化培养，打造骨干教师团队，以此带动民族地区教育质量的提升。

二、精准定位、精心设计

民教中心联合人民教育出版社，着力提升教师把握课程教材教法的能力，解决与此相关的教学能力问题，按需研训，精准定位。瞄准教材和课程标准，对学科教师队伍建设存在的问题和薄弱环节进行综合研判，分析培训需求，精选培训内容，充分考虑培训环节设计、实践教学、领域专家配备等，精准定位课堂教学中需要解决的问题和困惑，以此作为培训的风向标。

具体来说，培训设计有三大亮点：一是参训对象面向全体。培训不但实现了理县小学、初中的语文、数学、英语学科教师和幼儿教师全覆盖，还惠及阿坝藏族羌族自治州各县及云南西双版纳傣族自治州的部分教师，参训教师共400余名。二是培训专家阵容强大。共有来自北京、辽宁、山东、重庆、湖北、四川、天津等地的20多名学科专家、特级教师、一线名师、教研员、人教社教材编写组成员，以及一名外国专家到场开展培训。他们有着丰富的教学经验、教研经验以及教材编写经验，具有很高的教学和研究水平，以及精深的教学指导能力。三是培训模式实现研训一体。培训过程由"专家指导—教师示范—互动教研—现场体验—研课磨课—二次教学"六步曲构成，重在提升参训教师的参与体验及实践能力，做到研训结合，以研促教，激发参训教师的内生动力。

三、专家引领、现场互动

在专家指导环节，小学教育专家们依据学段及学科特点，紧紧围绕基层教师需求，分别开展了"统编小学《语文》教材重难点解析""优化小学英语课堂教学策略""小学数学核心素养与思想方法""初中英语教材分析与教学设计""统编初中《语文》教材解读""初中数学基本课型探究与实践"等主题讲座与指导，帮助参训教师在梳理课标的基础上，逐步更新自身的教学理念，从而进一步明确教学思路，把握教学策略。学前教育专家则开展了"以儿童发展为中心的生活课程"主题沙龙，以及"让幼儿与环境对话"环境创设等现场教研活动。参训教师与专家积极互动，互问互答，在研讨中学习，体验了参与式教研培训的乐趣。

在示范教学环节，来自外省市的各学科优秀教师给参训教师带来了示范课教学。同样的教材内容，不同的呈现方式，帮助参训教师打开了视野、上活了课堂。

在评析环节，针对优秀教师的课堂教学，参训教师用专业的眼光审视教学案例、挖掘教学亮点，分析教学提升空间。参与式、体验式、情景式教研培训新方法，使他们成为培训课堂的主人，在互动中学习、研究、进步、成长。

参训教师纷纷表示，培训专家不仅业务能力强，能够针对需求提供专业指导，而且很懂得也很乐意与基层教师交流。一位参训教师兴奋地说："我们是第一次接触这么多各领域的专家，第一次参加这么接地气的培训！"

四、 现场磨课、二次教学

此次培训的一个重要亮点就是增加了现场磨课和二次教学活动，使培训模式焕然一新。在理县教师现场上完课之后，专家和优秀教师组织集体评课，共同研究、探讨更好的教学设计，探索更适宜的教学方法，旨在既完成教学目标，又突出教学重点；既由教师掌控课堂，又充分给予学生主动学习的机会；既尊重教材，又努力寻找实现突破的方法；既磨炼授课教师，又引领教研团队合作。在集体智慧的共同作用下，新的教学设计出现了。当第二次全新的授课出现在参训教师面前时，现场响起了热烈的掌声，这是对授课者的高度认可，也是对磨课和二次教学的辛苦表示感谢。小学语文组的杨先慧老师说："刚开始，我很害怕二次教学，不敢挑战，也不知道该怎么教。在专家的指引和团队的帮助下，我最终还是完成了，特别兴奋。我才知道，原来还可以这么教学，同课异构也不是什么很难的事情。"老师们的喜悦溢于言表。

同样受益的还有参训教师。有的教师表示收获了更多教学策略，有的教师表示学到了更多检测课堂教学效果的方法，有的教师表示明白了依据学情、读懂教材、钻研教参的重要性，有的教师表示学会了如何放手让学生学，教师怎样牢牢掌握课堂主动权……

五、 全程记录心得体会

为得到真实的培训反馈，了解培训效果和基层教师需求，同时总结经验、完善培训，民教中心事先精心设计了针对培训各个环节的调查问卷及百字体会。在心得体会中，一位数学教师表示："专家教师引领我们对数学教材和课程的深入剖析，让我对'计算是具体的推理、推理是抽象的计算'有了更深刻的认识，通过互动并结合教材进行演练，给了我'带得走的能力'。"一位语文教师表示："语文教学不是无限增加知识难度，不是对知识的简单占有和机械训练，而是基于知识的内在结构，通过对知识完整处理，引导学生从符号学习走向学科思想和意义的系统理解与掌握。"

百字心得记录了每位教师的成长及真情流露，表达了对培训内容的理解和感悟。问卷调查记载着参训教师对每项培训内容的认可与期待，既是满意度调查和教学评析，也是参训教师内在需求的间接表达。

同时，此次教研培训活动采取全程录像的方式，并精心制作了培训活动纪实手册。培训过程的资料积累和记录，生成了教研培训新的教学资源，形成了实用的教研培训成果，为后期更有针对性地开展教研培训提供了抓手。

参训教师一致认为，本次教研培训活动思路形式新、内容效果佳，自己通过参与活动开阔了思路、转变了理念、提高了本领。参训教师纷纷表示，一定会好好消化此次教研培训的内容，学以致用，在实践中凝练经验，形成教学特色，不断提升教学质量。

六、减轻中小学教师负担，营造教育教学良好环境

2018 年 9 月 10 日，习近平总书记在全国教育大会上发表重要讲话，站在党和国家事业发展全局的战略高度，对广大教师为国家发展和民族振兴做出的重大贡献给予了高度评价，对建设一支宏大的高素质专业化教师队伍寄予了殷切希望，对加强教师队伍建设提出了明确要求。2019 年，中共中央办公厅、国务院办公厅印发了《关于减轻中小学教师负担进一步营造教育教学良好环境的若干意见》（以下简称《意见》），要求各级党委和政府切实履行主体责任，统筹规范督查检查评比考核、社会事务进校园、精简相关报表填写、抽调借用中小学教师等事宜，确保对中小学的督查检查评比考核事项在现有基础上减少50% 以上，并实行清单管理。《意见》的发布将惠及 1100 万中小学教师，使他们能够安心教书、静心育人。

"三区三州"各级党政部门要认真贯彻落实习近平总书记重要讲话精神，把《关于减轻中小学教师负担进一步营造教育教学良好环境的

若干意见》落实好，要深刻认识为教师减负的重要意义，进一步营造尊师重教的氛围和良好的教育教学环境，让教师把时间和精力集中用于教书育人的主责主业，担负起为党育人、为国育才的历史使命。要加强对减轻中小学教师负担工作的领导，做好宣传引导、统筹协调、组织实施、督促检查等方面的工作。

（1）提高重视，加强调研，制订具体可行的整改计划，积极扎实开展工作。"三区三州"各级教育行政部门要认真研究当前教师工作现状及存在的问题，认真梳理社会事务进校园、影响学校工作和教育教学秩序以及教师承担的驻村扶贫、维护稳定等方面的非教学工作负担等事项，列出具体减负清单，制定切实可行的整改措施，提出减轻中小学教师负担的具体意见，及时向当地党委和政府汇报，积极主动开展工作。教育督导部门要加强督导检查，坚持定期督导与长期监管相结合，把减轻中小学教师负担作为一项重要工作抓实抓好，扎实推进减轻中小学教师负担工作取得实效。

（2）聚焦教师立德树人、教书育人的主责主业，各级政府对"三区三州"深度贫困地区教育扶贫管理工作加强指导，通过建立扶贫专项工作机制，减轻教师的非教育教学负担，使教师从烦琐机械的扶贫事务工作中解脱出来，充分发挥出"扶志""扶智"的育人作用。调研发现，"三区三州"深度贫困地区教育扶贫工作的任务重、压力大，部分地区还面临着较为艰巨的维稳任务。教师成为教育精准扶贫、维稳工作的重要力量，有的教师被抽调到扶贫办或街道负责扶贫工作，大部分在岗教师在完成教育教学任务的同时，肩负着与建档立卡贫困户结对子、下乡帮扶、整理扶贫材料、完善建档记录等任务。由于下乡路途遥远，教师利用周末休息时间自费往返，每位教师承担至少2名贫困户的入户工作，严重占用了备课、教学辅导时间。大量非教育负担挤压了教师专业提升的时间和精力，制约了教师的专业成长，加剧了教师职业的消耗性体验，降低了教师的获得感。

（3）以教师专业发展为导向，注重教书育人的实效性，克服形式主义，各级政府统筹规范督查检查评比考核、社会事务进校园、抽调中小学教师等事宜，严格清理规范与中小学教育教学无关的事项。调研发现，"三区三州"深度贫困地区教师迎接各类检查、评比、考核较为频繁，由此衍生填报表格、整理材料、排演节目、布置会场、接待随访等多项与教学无关的内容；由于多头管理，人事部门职称评聘、继续教育学时等要求与教育部门教师培训项目不统一，教师培训任务繁重、实效差；各级党政部门抽调教师较为随意，有一些临时性帮忙、短期专项工作缺乏组织程序，口头调遣。各级政府应加强制度建设，规范管理，贯彻落实党中央的要求，建立审核制度，严格控制无关事项进校园。同时，改变工作作风，充分利用信息化手段，简化对教师职称评审等工作的审批流程，减少纸质材料，让信息多跑路，让教师少跑腿。

（4）配齐配足后勤人员，明确岗位职责分工，让专任教师潜心教书、静心育人。加大对"三区三州"深度贫困地区教辅人员的经费保障力度，通过政府购买等方式，补充宿舍管理、厨师等后勤人员，让专任教师回归教育教学工作。由于深度贫困县财政自给能力不足，难以支付后勤人员工资，寄宿制学校宿管、厨师、保安等人员短缺，专任教师轮流兼职担任，加重了教师的额外负担。应加大转移支付力度，列支人员经费专项，在一定程度上缓解后勤人员不足的问题，保证专任教师有充足的时间钻研教育教学工作。

建议有关部门加强对"三区三州"中小学教师减负工作的指导，并在2020年适当时候对"三区三州"贯彻落实党中央国务院文件精神、减轻中小学教师负担工作开展专项督导。

教育部：减轻中小学教师负担将有据可依

"我们组织7个调研组分赴陕西、新疆等12个省份督促推进教师减负专项行动，梳理出12个突出问题和20条政策建议。"在教育部举行的第八场"教育奋进看落实"新闻通气会上，教育部教师工作司巡视员刘建同介绍了减轻中小学教师不合理工作负担专项整治进展情况。

陕西省针对"各类评估检查督导考核多、各种社会事务进校园多、要教师填报各类事项多、各级党政部门抽调教师随意、要求教师参加的各类培训多"等5大类问题，提出严格控制涉及学校的检查评估项目、实行社会事务进校园审核制、规范各类教师培训等 16 项整改工作措施。推动落实《陕西省中小学教师培训学分认定与管理办法》，严格执行面向教师开展培训的审核程序，对于未经同意的非教育行政部门组织的培训不予认定学分，减少了 30% 的培训项目，减轻了教师无关培训的负担。

新疆维吾尔自治区和新疆生产建设兵团，将重点放在减轻教师非教学工作负担上，精简会议，清理各种检查、评比活动，清退借调教师等。

山西省以减少系统内不必要的督查检查评比考核为重点推进教师减负工作，目前全省 11 个市面向中小学的各类检查、考核、评比项目由 128 个减少至 49 个，共减少 79 个；117 个县面向中小学的各类检查、考核、评比项目由 287 个减少至 133 个，共减少 154 个。

广东省将现有的 18 项督查检查评比考核事项压减至 2 项，将原有的 80 项省级教育类行政权力事项压减至 42 项，124 万教师受益。

浙江省印发《关于规范中小学进校园活动的实施意见》，规定每学期选择进校园活动不超过 5 项。

山西、湖北、广东、广西、江西、浙江、山东等省开始在教育系统内部清理规范各类检查、督查、考核、评比、填表等事项，并建立清单目录。

湖南省明确规定严格控制面向义务教育学校的各类审批、检查验收、创建评比等活动，未经当地教育部门同意，任何单位不得到学校开展有关活动。

黑龙江印发《关于减少与教书育人无关工作减轻中小学教师负担的通知》，规定除教育部门外的督查检查评比考核事项，需与教育部门协商并报同级党委和政府审核。

浙江、广东、内蒙古、福建在职称评审方面充分利用信息化手段，简化流程、减少纸质材料，让信息多跑路，让教师少跑腿，惠及 211 万中小学教师。

——摘自《教育部：减轻中小学教师负担将有据可依》，http://m.jyb.cn/rmtzcg/xwy/wzxw/201911/t20191125_276926_wap.html

第六章

"三区三州"深度贫困县教育扶贫成效评估的思考

2019 年 4 月，习近平总书记在重庆考察并主持召开解决"两不愁三保障"突出问题座谈会时，强调要把防止返贫放在重要位置。因此，把握"三区三州"深度贫困地区教育返贫的可能性因素、巩固教育脱贫成效、构建教育脱贫防返贫机制，是把好"脱贫关"的关键一步，是打赢脱贫攻坚战后脱贫减贫事业的工作重心与必然要求，是教育事业发展的重要内容。对上述内容的准确把握，建立在科学评估教育扶贫成效的基础上，通过系统评估，可以客观反映出"三区三州"深度贫困县教育扶贫的成效差异，准确表征出教育扶贫的突出成绩与薄弱环节，有助于固脱防返机制的针对性与精准性。基于上述考虑，我们对"三区三州"深度贫困地区教育扶贫成效评估的基本理念、指标体系与实践操作进行了初步的探讨。

一、教育扶贫成效评估的价值理念与意义

教育扶贫成效评估要能够充分发挥出对"三区三州"深度贫困县教育扶贫工作进行科学诊断、适当督促的作用，就必须建立在科学的价值理念基础上，准确反映《教育脱贫攻坚"十三五"规划》《深度

贫困地区教育脱贫攻坚实施方案（2018—2020 年）》《推普脱贫攻坚行动计划（2018—2020 年）》《职业教育东西协作行动计划（2016—2020 年）》等政策文件的价值导向与政策要求，并切合当地实际，对当地教育综合改革、教育体制机制改革起到积极推动作用。

（一）推动"三区三州"深度贫困县实现优质公平的教育

教育公平是一个永恒的话题，是办好人民满意教育的必然要求。2013 年 3 月 17 日，习近平主席在第十二届全国人民代表大会第一次会议上的讲话中强调："生活在我们伟大祖国和伟大时代的中国人民，共同享有人生出彩的机会，共同享有梦想成真的机会，共同享有同祖国和时代一起成长与进步的机会。"教育公平是社会公平的重要基础，是让每个人享有人生出彩机会的重要途径，是提供公平竞争、发展机会的前提。在十九大报告中，习近平总书记再一次把发展教育事业放在提高保障和改善民生水平的优先位置上，提出"建设教育强国是中华民族伟大复兴的基础工程，必须把教育事业放在优先位置，加快教育现代化，办好人民满意的教育。要全面贯彻党的教育方针，落实立德树人根本任务，发展素质教育，推进教育公平，培养德智体美全面发展的社会主义建设者和接班人。"可见教育公平的重要性。

2015 年国务院出台了《关于加快发展民族教育的决定》，在全面规范民族地区各级各类教育、民族教育各个方面的同时，针对民族教育发展的薄弱环节和重点领域，明确提出"均衡发展义务教育""决不让一个少数民族、一个地区掉队"，到 2020 年，民族地区逐步实现基本公共教育服务均等化，基本实现县域内教育均衡发展。这是对民族地区教育公平发展的硬性要求。实现教育公平就必须解决民族地区特别是"三区三州"深度贫困县等教育发展薄弱地区教育发展不平衡、不充分的问题，通过对口支援、内部激励等多种手段，有效保障受教育权，解决"有学上"的问题，实现教育机会公平；扩大优质教育资源的覆盖面，解决"上好学"的问题，实现教育优质公平发展。

教育扶贫成效的重要表现之一就是逐渐消除"三区三州"深度贫困县县域差距、城乡差距、校际差距。在实现基本公平的基础上，"三区三州"深度贫困县教育公平应向纵深发展,实现公平质量的不断提升、优质资源覆盖面的不断扩大。因此,教育扶贫成效评估是动态的,关于教育扶贫促进教育公平的评估指标既要考虑增值性评价,又要考虑对教育优质公平的导向,能够通过评估发现教育发展"不平衡""不充分"的环节,能够通过评估树立起高质量发展的理念,推动优质教育资源的提质扩面。

(二)坚持从"三区三州"深度贫困县教育实际出发

"实事求是、分区规划、分类指导"的原则,是民族地区教育发展差异性及复杂性的必要要求。民族地区差异性大,教育事业发展的基本任务、步伐进程、发展程度不尽相同。要将民族因素和区域因素相结合,分区规划,分类指导。"三区三州"深度贫困县教育发展水平并不平衡,发展条件不尽相同,所面临的教育贫困虽然有共性问题,但也普遍存在个性问题。因此,"三区三州"深度贫困县的教育扶贫与教育公平并不是齐步走,而是要紧密结合当地新型城镇化建设、精准扶贫和民族团结创建、民族文化传承创新以及国家长治久安的需要,充分考虑当地社会发展的复杂性、民族文化的多样性、民族教育的特殊性和发展规律,使"三区三州"深度贫困县教育扶贫成效评估符合当地教育公平的发展进程与当地实际需求。

在建立教育扶贫成效评估指标时,我们必须坚持一切从实际出发,通过开展深入细致的调研,深入了解"三区三州"深度贫困县的实际情况,发现真问题、聚焦真困难,坚持科学性、系统性,使指标体系符合当地教育脱贫攻坚的主攻方向、战略部署、发展阶段等。在对当地教育扶贫成效作出客观评价的同时,将教育发展总体评价与教育扶贫成效评估紧密结合,评估指标相互衔接,通过教育扶贫成效评估进一步促进当地教育事业的发展。

任何评估指标体系都不是放之四海而皆准的,在坚持一切从实际出发的前提下,把握好差别化原则显得尤为必要。要在坚持科学价值导向、总体框架的前提下,根据当地教育发展实际进行适当调整,提高教育扶贫成效评估指标体系的针对性、实效性,增强对当地教育扶贫工作的适应性、适用性。在"三区三州"深度贫困县实行"一县一策"就是对差异性的充分尊重，通过差别化精准施策大大提高了制度安排的有效性。

（三）助力"三区三州"深度贫困县教育公共治理新格局的构建

《中国教育现代化2035》将推进教育治理体系和治理能力现代化列为重要战略之一。可见，教育扶贫工作进入固脱防返阶段，就必须建立符合教育现代化理念的教育治理体系，通过教育发展观念的转变带动教育综合改革，焕发出教育体制机制改革的动力，从而巩固教育扶贫成效，推动教育扶贫向更高水平发展。综观民族教育发展历程，基本公共教育服务均等化一直以来都是作为民族地区教育事业发展的首要任务，重点放在义务教育学校标准化建设、教育装备配套等硬件条件改善、基本办学条件保障等方面。站在这一起点上，"三区三州"深度贫困县教育扶贫工作应由关注硬实力保障逐渐转向软实力提升，将推进教育治理体系和治理能力现代化作为主攻方向。

教育公共治理格局突出多元主体共同参与教育治理，强调多元主体之间的对话、协作、沟通；突出教育的公共性，使教育公权力的行使合法、合理。教育的公共参与是教育公共性的基本内涵之一，即教育活动必须为所有的教育利益相关者参与教育公共治理提供相应的机会。[1] 因此，"三区三州"深度贫困地区构建教育公共治理新格局要突出多元主体的参与，调动多元主体的积极性共同参与教育治理，在巩固教育扶贫成效上通力合力，取得人民满意的效果。

在"三区三州"深度贫困地区构建教育公共治理新格局的过程中，首先必须坚持党对教育事业的全面领导，坚持社会主义办学方向，各级各类学校党团组织把抓好学校党建工作作为办学治校的基本功，把党的教育方针全面贯彻到学校工作各方面。其次中央政府必须充分履责，进一步加强顶层设计，建立顶层推进框架与统筹协调机制，进一

---

① 刘复兴. 政府的基本教育责任：供给"公平"的教育政策 [J]. 北京师范大学学报（社会科学版），2008（4）：5-10.

步加强对"三区三州"深度贫困地区教育事业发展的帮扶力度，在经费投入、基本办学条件保障、基础设施建设、教师队伍、人才培养、招生、就业等方面加大特殊政策倾斜。再次必须调动地方政府积极性，创造性地解决本地区存在的重点难点问题。各地方政府针对各级各类教育招生政策、办学规模、结构、学科专业、课程设置、教学方式、人才培养模式、师资队伍、硬件资源、就业制度等各环节，在符合国家标准的同时，根据本地区情况进行灵活处理，在本级政府权限范围内，实施特殊政策，探索出一条适合少数民族学生成长成才的，具有本土特色的科学发展方式。同时，必须发挥学校主体地位，建设现代学校制度，形成依法治校、自主办学、多元参与、民主治理的学校内涵式发展模式。①

因此，"三区三州"深度贫困县教育扶贫成效评估除了对硬件的关注外，还要全面加强并充分反映对教育公共治理理念的评估，从观念转变、教育治理机制完善等内在动力方面入手，进一步巩固"三区三州"深度贫困县的教育脱贫成效。

二、教育扶贫成效评估的指标体系②

教育扶贫成效评估指标分为核心指标和一般指标。核心指标与教育扶贫工作目标直接相关，是教育扶贫进展和成效评估的重点内容，按照指标权重进行评估；一般指标包括教育基本信息，用于掌握和分析教育发展总体水平。

由于教育扶贫是以扶贫为手段，促进、提升教育发展水平，摆脱教育贫困状态，因此教育扶贫成效的评估应广泛包含教育发展的各个方面。我们将教育扶贫成效评估的内容概括为教育扶贫管理工作、各级各类教育发展水平（含学前教育、义务教育、高中阶段教育）和群

---

① 李芳. 民族地区教育公共治理新格局的价值选择与制度安排 ［J］. 当代教育与文化，2020（3）：89－96.

② 郭岩. "三区三州"整体脱贫片区——西藏自治区教育扶贫成效评估（2020年教育部司长风采项目）.

众满意度（主要指家长这一主体）三个方面。

（一）教育扶贫管理工作

教育扶贫管理工作主要设核心指标，包括：

（1）建档立卡贫困教育人口底数台账，包括花名册、"一生一案"登记表等两项内容。

（2）教育扶贫基本情况台账，包括教育基本数据档案、2018—2020年教育扶贫项目建设计划及执行、教育扶贫财政投入年度报告等三项内容。

（3）教育扶贫工作推进台账，包括教育扶贫方案与措施、教育扶贫制度和机制建设、教育扶贫工作年度总结或自评报告等三项内容。

（二）学前教育

学前教育设核心指标和一般指标，包括：

（1）学前教育核心指标包括建档立卡贫困户幼儿入园及资助（学前三年入园率、资助政策及落实）、入学机会（公办幼儿园建设和布局、普惠性幼儿园满足需求程度）、推广普通话（专任教师获得普通话等级证书、专任教师使用普通话开展教育活动和日常交流）和教师队伍建设（配备幼儿园教职工、教师队伍培训）等四项内容。

（2）学前教育一般指标包括幼儿园布局（县城示范幼儿园数、乡镇中心幼儿园覆盖率、村级幼儿园覆盖率）、规模（班数达标的农村幼儿园数和比例、班数达标的城镇幼儿园数和比例、城镇及农村幼儿园平均班额）、普及程度（学前一年毛入园率、学前二年毛入园率、学前三年毛入园率）、办园条件（各种规模幼儿园幼儿活动用房人均使用面积达标园数和比例、各类幼儿园人均服务用房面积达标园数和比例、各类幼儿园人均附属用房面积达标园数和比例、配套设施设备达标园数和比例、幼儿园配备玩教具及室外游戏设备情况）、安全防护（安全防护和检查制度达标园数和比例、卫生设施达标园数和比例、园址园舍无安全隐患的达标园数和比例）、保教队伍（园长任职资格达标园数和比例、"两教一保"达标园数和比例、列入国家正式编制的教师比例）等六项内容。

（三）义务教育

义务教育设核心指标和一般指标，包括：

（1）义务教育核心指标包括建档立卡贫困户学生资助（实施农村义务教育学生营养改善计划、建档立卡贫困户学生不因贫失学、建档立卡贫困户学生生长发育水平、建档立卡贫困户学生和留守儿童寄宿）、控辍保学（建档立卡贫困户学生失学辍学、重点监测群体适龄儿童失学辍学、制度机制建设）、消除大班额（城镇学校大班额情况）、寄宿制学校建设（宿舍建筑面积、落实"一人一床位"、食堂餐位）、乡村小规模学校建设（办学条件、办学经费、教师待遇）、教育信息化（规划和投入、三通两平台、专任教师应用信息技术）、学习使用国家通用语言文字（专任教师获得普通话等级证书、专任教师使用国家通用语言文字教育教学）和升学（建档立卡贫困户初中毕业生升学率）等八项内容。

（2）义务教育一般指标包括学校布局（初中校均服务人口、小学校均服务人口、教学点平均服务人口）、办学条件（"20条底线要求"达标学校数及比例、生均教学和辅助用房建筑面积达标学校数及比例、实验室建设达标学校数及比例、教学仪器设备生均值、生均图书册数、农村教师周转房套数与需求人数之比、存在安全隐患校舍的学校比例）、学段巩固率（小学、初中）、办学规模（农村/城镇小学校均在校生数、农村/城镇初中校均在校生数、小学大班额的班数、初中大班额的班数）、教师队伍（师生比、在编教师比例、享受生活补助的乡村教师比例、参加培训的教师人次比例）和教育经费（生均预算内公用经费、扶贫专项资金用于义务教育的比例、县级公共财政预算教育经费占公共财政支出比例、县级财政用于资助贫困学生的拨款经费）等六项内容。

（四）高中阶段教育

高中阶段教育包括普通高中教育和中等职业教育，主要设核心指标，包括：

高中阶段教育核心指标包括高中阶段教育普及程度（市/地区毛入学率、建档立卡贫困户学生入学率、在校学生普职比）、建档立卡贫困户学生资助（建档立卡贫困户学生不因贫失学、职业教育东西协作行动计划资助建档立卡贫困学生赴东部地区就读中职学校、推广民族地区"9 + X"免费教育计划、建档立卡贫困户高中毕业生升入高等学校享受省/区级及其以下各级政府资助）、升学就业（建档立卡贫困户普通高中毕业生升入高等院校的比例、建档立卡贫困户中职毕业生就业率含升学率）、学习使用国家通用语言文字（专任教师获得普通话等级证书的人数比例、专任教师使用国家通用语言文字教育教学、中职毕业生掌握国家通用语言文字听说读写能力）、经费（化解普通高中债务、普通高中生均教育经费、中等职业学校生均教育经费、财政扶贫资金用于中职教育东西协作计划）和农牧民培训（普通话培训、职业技能培训、东西劳务协作培训）等六项内容。

（五）群众满意度

群众满意度是指家长对教育扶贫工作是否满意的感知与评价，包括整体评价、资助政策、办学条件、教育质量、升学就业、技能培训等六项内容。

同时，根据国家对"三区三州"深度贫困县教育扶贫工作的总体要求，立足地方实际，教育扶贫成效评估应重点考虑以下六个方面的标准。

1. 学校布局和办学条件

（1）校点布局合理，幼儿园和义务教育学校覆盖所有农村，大部分适龄儿童少年能够就近入学。

（2）校舍条件达到国家标准，消除 D 级危房，校址、校园、校舍无安全隐患。

（3）寄宿制学校条件满足学生住宿、就餐需求，生活设施达到国家或省定标准和要求。

（4）教学仪器和图书、信息化设备，体育活动设施等达到国家或省定标准。

（5）义务教育学校办学条件达到教育部规定的"20条底线"中的其他要求。

2. 办学规模

中小学和幼儿园规模、班级数、班额符合国家或省定标准，消除大班额。

3. 教师队伍

（1）数量满足、质量合格、结构合理，师生比符合国家规定。

（2）农村教师全部享受国家规定补助政策，有良好的工作、生活条件。

（3）在岗教师5年内实现全员培训，教师掌握、使用国家通用语言文字和信息技术。

4. 学生资助

（1）义务教育阶段学生全部享受免费教育，农村义务教育阶段学生营养改善计划全覆盖。

（2）学前教育、义务教育、高中阶段教育建档立卡贫困户学生全员全程享受资助，资助政策完善，资助经费落实，管理规范，效果显著。

（3）建档立卡贫困户学生营养健康状况良好。

5. 教育普及率和巩固率

（1）学前三年毛入园率达到85%以上。

（2）义务教育阶段学段巩固率95%以上。建档立卡贫困户子女全部入学。

（3）高中阶段教育毛入学率达到90%以上，在校学生普职比大体相当。

6. 教育经费

（1）义务教育经费保障机制全面落实，生均公用经费标准不低于国家规定标准，资金拨付足额及时。

（2）制定了学前教育、普通高中、中等职业学校生均公用经费拨款标准，并足额及时拨付。

（3）农村不足 100 人的小规模学校按 100 人标准拨付公用经费。

（4）每年市（地区、州）、县两级地方财政收入投入教育的比例不低于 20%。

三、教育扶贫成效评估的实践操作

教育扶贫成效评估旨在客观描述当地教育扶贫的成绩与不足，起到科学诊断、促进改进的作用。当地教育行政部门应积极开展评估，特别是省（自治区）教育扶贫领导小组负责统筹部署评估工作。按照属地原则，市（地区、州）级组织协调所辖区域高中阶段教育扶贫成效评估，县级对县域内学前教育和义务教育阶段教育扶贫成效进行评估。相关职能部门做好教育扶贫成效评估的组织、协调工作，给予人员、经费等保障。

为进一步调动学校、地方行政部门对教育扶贫工作的积极性，并保证教育扶贫成效评估的科学性，可按照自评、复评、第三方评估的程序进行。自评由市（地区、州）、县教育行政部门牵头，与同级扶贫工作部门共同组织实施。复评由省（自治区）教育行政部门牵头，与同级扶贫工作部门共同组织实施。同时引入第三方评估机制，选择具有资质的单位对本地区教育扶贫工作进展和成效进行评估。将三次的评估结果相对照，发现其中的问题。评估不仅是对照要求检视、评价的过程，而且是自我反思、改进的机会。地方教育行政部门、学校在对照评估指标进行核实的过程中，应深入参与到教育扶贫成效评估的工作中来，发现自身教育扶贫存在的漏洞与不足。省（自治区）教育行政部门的复评起到监督、指导的作用，有助于当地教育扶贫工作更加符合整体工作部署。第三方评估是符合教育公共治理理念的机制，也是推动教育扶贫成效评估走向专业化、科学化道路的有效机制。

教育扶贫成效评估可针对评估对象与内容的不同，综合运用合适的评估方法，可综合采取定量与定性方法。如评估教育行政部门的管理工作，主要采取制度分析的方法，通过调阅本地区教育扶贫相关制度、教育扶贫台账等资料，了解本地区贯彻落实国家教育扶贫相关制度精神的情况，对本地区教育扶贫政策制定情况及本地区教育扶贫管理理念、机制、人员队伍、工作流程等进行全面了解。评估各级各类教育阶段教育扶贫实际成效，可通过统计核查各类教育发展指标的方法进行定量分析，测算当地各级各类教育阶段教育扶贫的增量，评估当地各主体对教育扶贫的潜在需求。同时，开展实地调研，对当地教育扶贫工作所取得的实际成效、存在的不足进行定性分析。评估当地群众对教育扶贫工作的满意度，可以采用问卷调查、入户访谈、座谈等方式进行，能够较为深入地了解群众对教育扶贫工作的评价、需求、改进意见等。